Kohlhammer

Lindauer Beiträge zur Psychotherapie und Psychosomatik

Herausgegeben von Michael Ermann und Dorothea Huber

Michael Ermann, Prof. Dr. med. habil., ist Psychoanalytiker in Berlin und em. Professor für Psychotherapie und Psychosomatik an der Ludwig-Maximilians-Universität München.

Dorothea Huber, Professor Dr. med. Dr. phil., war bis 2018 Chefärztin der Klinik für Psychosomatische Medizin und Psychotherapie an der München Klinik. Sie ist Professorin an der Internationalen Psychoanalytischen Universität, IPU Berlin, und in der wissenschaftlichen Leitung der Lindauer Psychotherapiewochen tätig.

Eine Übersicht aller lieferbaren und im Buchhandel angekündigten Bände der Reihe finden Sie unter:

 https://shop.kohlhammer.de/lindauer-beitraege

Michael Ermann

Der Andere in der Psychoanalyse

Die intersubjektive Wende

3. Auflage

Verlag W. Kohlhammer

Dieses Werk einschließlich aller seiner Teile ist urheberrechtlich geschützt. Jede Verwendung außerhalb der engen Grenzen des Urheberrechts ist ohne Zustimmung des Verlags unzulässig und strafbar. Das gilt insbesondere für Vervielfältigungen, Übersetzungen und für die Einspeicherung und Verarbeitung in elektronischen Systemen.

Pharmakologische Daten verändern sich ständig. Verlag und Autoren tragen dafür Sorge, dass alle gemachten Angaben dem derzeitigen Wissensstand entsprechen. Eine Haftung hierfür kann jedoch nicht übernommen werden. Es empfiehlt sich, die Angaben anhand des Beipackzettels und der entsprechenden Fachinformationen zu überprüfen. Aufgrund der Auswahl häufig angewendeter Arzneimittel besteht kein Anspruch auf Vollständigkeit.

Die Wiedergabe von Warenbezeichnungen, Handelsnamen und sonstigen Kennzeichen berechtigt nicht zu der Annahme, dass diese frei benutzt werden dürfen. Vielmehr kann es sich auch dann um eingetragene Warenzeichen oder sonstige geschützte Kennzeichen handeln, wenn sie nicht eigens als solche gekennzeichnet sind.

Es konnten nicht alle Rechtsinhaber von Abbildungen ermittelt werden. Sollte dem Verlag gegenüber der Nachweis der Rechtsinhaberschaft geführt werden, wird das branchenübliche Honorar nachträglich gezahlt.

Dieses Werk enthält Hinweise/Links zu externen Websites Dritter, auf deren Inhalt der Verlag keinen Einfluss hat und die der Haftung der jeweiligen Seitenanbieter oder -betreiber unterliegen. Zum Zeitpunkt der Verlinkung wurden die externen Websites auf mögliche Rechtsverstöße überprüft und dabei keine Rechtsverletzung festgestellt. Ohne konkrete Hinweise auf eine solche Rechtsverletzung ist eine permanente inhaltliche Kontrolle der verlinkten Seiten nicht zumutbar. Sollten jedoch Rechtsverletzungen bekannt werden, werden die betroffenen externen Links soweit möglich unverzüglich entfernt.

3. Auflage 2025

Alle Rechte vorbehalten
© W. Kohlhammer GmbH, Stuttgart
Gesamtherstellung: W. Kohlhammer GmbH, Heßbrühlstr. 69, 70565 Stuttgart
produktsicherheit@kohlhammer.de

Print:
ISBN 978-3-17-045810-9

E-Book-Formate:
pdf: 978-3-17-045811-6
epub: 978-3-17-045812-3

Helmut Thomä (1921–2013) gewidmet,
der mit seinem Konzept des aktiven Psychoanalytikers
als einer der ersten in Deutschland
eine intersubjektive Perspektive vertrat.

Inhalt

Vorwort 11

1. Vorlesung
Der Andere in der traditionellen Psychoanalyse 13
    Einführung: Was ist Intersubjektivität? 13
    Der Andere im Werk von Sigmund Freud 17
        Das topische Persönlichkeitsmodell 18
        Das Instanzenmodell 21
        Das klassische Behandlungsmodell 23
    Der Andere in den Objektbeziehungstheorien 26
        Klein, Bion und die Projektive Identifikation 28
        Winnicott und die primären mütterlichen
        Funktionen 32
        Die Neubewertung der Gegenübertragung 36

2. Vorlesung
Die intersubjektive Wende 40
    Klassische Konzepte der Selbstentwicklung 40
        Vorläufer des Selbst bei Freud 43
        Das Selbst in der Ichpsychologie 43
    Das Selbst in der Selbstpsychologie 46
    Einschub: Das Doppelgesicht des Selbst bei Jaques Lacan 52
    Von der Selbstpsychologie zum Intersubjektivismus 53
        Wurzeln des Intersubjektivismus 54
        Die intersubjektive Wende 63
    Zusammenfassung 71

3. Vorlesung
Einflüsse der Nachbarwissenschaften 72
    Säuglings- und Bindungsforschung 73
        Ansätze der analytischen Entwicklungslehre 73
        Die Entdeckung der realen Mutter 74
        Ergebnisse der modernen Säuglingsforschung 77
        Der Beitrag der Bindungsforschung 82
    Beiträge der Neurowissenschaften 87
        Resonanzphänomene 87
        Die rätselhafte frühe Amnesie 89
        Zwei Arten von Langzeitgedächtnis 90
        Die Lösung des Rätsels 95
        Zwei Modi des Erlebens 96
    Zwischenbilanz 99

4. Vorlesung
Das intersubjektive Feld 101
    Konstitutive Faktoren des intersubjektiven Feldes 103
        Die Behandlungssituation 104
        Die intersubjektive Übertragungsmatrix 105
        Die Asymmetrie des Feldes........................ 107
    Arbeiten im intersubjektiven Feld 108
        Der Behandlungsprozess als Ko-Konstruktion 108
        Transformationen im Prozess 110
        Die therapeutische Haltung 118
        Die intersubjektive Übertragung in der Praxis 120
    Zusammenfassung 123

5. Vorlesung
Intersubjektivität und Psychoanalyse heute 125
    Essentials des intersubjektiven Ansatzes 125
        Übertragung 127
        Widerstand 128
        Die therapeutische Haltung 129

Kritik am intersubjektiven Paradigma 132
  Meine persönliche Annäherung an das
  Intersubjektive 135
Das Intersubjektive und das Intrapsychische 139
  Theorien im psychoanalytischen Prozess 140
  Eine funktionelle Einheit 141
  Intersubjektivität und psychoanalytische Identität .. 141
  Ein Wort zum Abschluss 142
Literaturempfehlung 143

Literatur **145**

Stichwort- und Personenverzeichnis **151**

Vorwort

Dieses Buch handelt von der Bedeutung des realen Anderen in der Psychoanalyse. Von Freud ursprünglich als außenstehender Beobachter sowie Objekt der Triebbefriedigung konzipiert, hat seine Position sich in der Psychoanalyse im Verlauf von mehr als 125 Jahren grundsätzlich verändert. Diese Veränderung wird zwar nicht von allen Analytikern mit getragen, hat aber bereits nachhaltigen Einfluss auf die meisten Strömungen der Psychoanalyse genommen. Es geht um die **Intersubjektivität**. In diesem Kontext betrachtet man den Anderen heute nicht nur als unabdingbaren Förderer der Entwicklung, sondern darüber hinaus als aktiven Teilnehmer und Mitgestalter in der psychoanalytischen Behandlung. Das führt zu bedeutenden Veränderungen grundlegender therapeutischer Konzepte und Strategien, welche den Stil und die Atmosphäre der psychoanalytischen Behandlungen maßgeblich verändern.

Die Lindauer Psychotherapiewochen 2013 standen unter dem Thema »Neue Kulturen schaffen«. Das gab mir Gelegenheit, diese neueren Entwicklungen, die außerhalb der psychoanalytischen Community immer noch relativ wenig bekannt sind, einem breiteren deutschsprachigen Fachpublikum näher zu bringen. So hielt ich meine klinische Vorlesung unter dem Titel *Intersubjektivität – eine neue Kultur für die Psychoanalyse?*

Das Fragezeichen sollte einen überzogenen Anspruch des intersubjektiven Ansatzes vermeiden, der oft mit Neuerungen in der Psychoanalyse und in ihrem Umfeld verbunden ist und fragwürdige Schulbildungen begründet hat. Inzwischen bin ich allerdings zu der Auffassung gelangt, dass der intersubjektive Ansatz zu einer grundsätzlichen Umorientierung der psychoanalytischen Denk- und Handlungskultur beiträgt. Wie es scheint, sprengt er aber nicht den Rahmen der traditionellen Strömungen, sondern bereichert sie und ist geeignet, Neuorientierungen im therapeutischen Prozess anzuregen, ohne dass man die theoretischen Basiskonzepte dafür unbedingt aufgeben muss.

Bei der Bearbeitung für die Publikation in der »Lindauer Reihe« wurde absichtlich der Vorlesungsstil beibehalten. Es geht hier also nicht um Vollständigkeit, sondern um Anschaulichkeit. So mögen auch manche der Literaturbelege willkürlich und unvollständig erscheinen, wie es für Vorlesungen typisch ist. Ich lege auch keinen besonderen Wert auf einen exklusiven Begriff »Psychoanalyse« bzw. »Psychoanalytiker«, sondern bezeichne Denk- und Handlungsstrategien als psychoanalytisch, die ausdrücklich mit dem Unbewussten befasst sind. Auch der Gebrauch des verallgemeinernden Maskulinums sei mir nachgesehen.

Wie bei früheren Publikationen habe ich für das Projekt auf die bewährte Förderung des Kohlhammer Verlages rechnen können. Ich danke, stellvertretend für alle, Herrn Dr. Ruprecht Poensgen für die angenehme Zusammenarbeit.

Michael Ermann, Berlin, im Winter 2024

1. Vorlesung
Der Andere in der traditionellen Psychoanalyse

Einführung: Was ist Intersubjektivität?

Das Konzept der Intersubjektivität ist relativ neu. Es hat sich in den 1990er Jahren in den USA entwickelt und seither zunehmenden Einfluss auf die meisten Richtungen der Psychoanalyse genommen. Heute ist es ein fester Bestandteil im psychoanalytischen Denken.

Intersubjektivismus beschreibt eine Sichtweise, mit der über das Individuum und seine Entwicklung Erkenntnisse gesammelt werden können. Wir nennen solche grundsätzlichen Perspektiven der Betrachtung mit dem amerikanischen Wissenschaftstheoretiker Thomas Kuhn (1922–1996)[1] Paradigmen und können daher vom intersubjektiven Paradigma sprechen.

Intersubjektivität beschreibt den Zustand der Bezogenheit zwischen (lat.: *inter*) Subjekten und das Ergebnis der Prozesse, die daran beteiligt sind. Unter dem Paradigma der Intersubjektivität rückt das Gemeinsame zwischen Menschen in das Zentrum der Betrachtung. Bildhaft kann man das Gemeinsame in einem imaginären Zwischenraum zwischen den Beteiligten ansiedeln und von einem **intersubjektiven Feld** sprechen. Hier geschieht ein unentwegter Austausch von Botschaften und Informationen: Aktionen, Reaktionen auf Aktionen und Reaktionen auf die Reaktionen usw. Man kann von Interaktionsschleifen sprechen, an denen die Beteiligten teilnehmen und sich gegenseitig beeinflussen und formen.

Aus dieser Perspektive werden Erleben, Verhalten und die menschliche Entwicklung durch die gegenseitige Einflussnahme aufeinander geprägt.

---

1 Kuhn T (1962)

Kasten 1.1: Paradigmen in der Geschichte der Psychoanalyse

Thomas Kuhn führte den Begriff **Paradigma** in die Wissenschaftsgeschichte ein, um die Betrachtungsweise von Phänomenen zu markieren, die in einer Wissenschaftsgemeinschaft als verbindlich angesehen wird. Phasen, in denen sich die Mitglieder einer Wissenschaftsgemeinschaft über ihren Zugang zu Phänomenen einig sind, bezeichnet man in diesem Kontext als Normalwissenschaft.

In der Psychoanalyse kann man die Zeit bis etwa 1940 als eine solche normalwissenschaftliche Phase betrachten. Sie war dadurch gekennzeichnet, dass die innerseelischen Phänomene und Prozesse als Forschungsgegenstand galten. Hier handelt es sich um das **intrapsychische Paradigma** der Psychoanalyse. Danach sollte die Psyche (von Patienten) von einem außenstehenden Beobachter möglichst objektiv betrachtet und behandelt werden. Michael Balint sprach in diesem Zusammenhang von einer Ein-Personen-Perspektive (One-Body-Psychologie).

Durch die Neubewertung der frühen Mutter-Kind-Interaktionen begann sich das Weltbild der Psychoanalyse und in der Folge auch ihre Praxis zu verändern. Zunehmend wurden jetzt die Interaktionen als bedeutender Bezugspunkt für das Verständnis seelischer Prozesse anerkannt. Damit entstand auch ein neues Denkmodell, das **Beziehungsparadigma**. Ein solcher Übergang zu einem neuen Denkmodell wird nach Kuhn als Paradigmenwechsel bezeichnet. Die Kopernikanische Wende vom geozentrischen hin zum heliozentrischen Weltbild ist der Inbegriff eines solchen Wechsels.

Die intersubjektive Wende, die im Zentrum dieses Buches steht, ist ein weiterer Paradigmenwechsel in der Psychoanalyse. Er beschreibt den Wechsel von einer Beziehungspsychologie hin zu einem **Paradigma der Bezogenheit.** Danach entsteht und verändert sich psychische Struktur nicht nur durch Verinnerlichung von Beziehungen, sondern vornehmlich als eine gemeinsame (nämlich intersubjektive) Konstruktion im Beziehungsfeld.

Ich stelle mir das so vor, dass jeder der Beteiligten seinen mentalen Zustand als Rohmaterial in das intersubjektive Feld einbringt, wo dann durch die beidseitige Einflussnahme eine Art von Verstrickung und Verschmelzung stattfindet. Dieser gemeinsame Zustand ist die **Bezogenheit**, das darin enthaltene psychische Material die intersubjektive Matrix. Es stammt von allen Personen, die in das intersubjektive Feld eingebunden sind.

Der Begriff »Bezogenheit« wurde von dem Psychoanalytiker **Hans Loewald** eingeführt, der zu einem der Wegbereiter des Intersubjektivismus gehört. Er beschrieb damit die »psychische Matrix, aus der sich intrapsychische Triebe, Ich und extrapsychisches Objekt heraus differenzieren.« Davon grenzt er die Objektbeziehung ab als Bezeichnung »für sämtliche psychischen Interaktionen zwischen objektiv unterscheidbaren Menschen«[2]. Und an anderer Stelle schrieb er: »Die Verbundenheit von Ich und Realität oder Objekten entwickelt sich nicht aus einer ursprünglich verbundenen Koexistenz zweier getrennter Einheiten, die miteinander in Berührung kommen, sondern im Gegenteil aus einem einheitlichen Ganzen, das sich in verschiedene Teile differenziert. Mutter und Säugling kommen nicht zusammen und entwickeln eine Beziehung, sondern der Säugling wird geboren, wird von der Mutter losgelöst, und so wird eine Verbundenheit zweier Teile, die ursprünglich eins waren, möglich.[3]«

Nach meinem Verständnis bedeutet das: Die Interaktionen begründen die Bezogenheit – oder anders: den Schritt vom Aufeinander-Bezogensein zur gemeinsam gestalteten Befindlichkeit.

Die wesentlichen Mechanismen, mit denen die Befindlichkeit zwischen zwei Menschen »ausgehandelt« wird, sind Projektion, Identifikation und projektive Identifizierung. Man kann die averbalen Interaktionsschleifen, die dabei ablaufen, mit den Prozessen vergleichen, wie man sich beim Tanzen aufeinander abstimmt und ohne große Worte eine gemeinsame Szene gestaltet.

Am Ende treten die beiden Psychen aus diesem Zustand der Bezogenheit wieder heraus und haben eine Veränderung erfahren, in der sich der Einfluss des Anderen abbildet. Auch hierzu ein Vergleich: Denken Sie etwa

---

2 Loewald H (1977), dt. S. 204
3 Loewald H (1949), dt. S. 24

an zwei Ringer, deren Körper nach dem Kampf die Spuren der Berührung zeigen – vielleicht blaue Flecken, Schrammen und gestählte Muskeln.

Abb. 1.1: Hans Loewald (1906–1993), geboren in Colmar, verband das Interesse an der Philosophie Martin Heideggers mit den Konzepten der Psychoanalyse, die er nach seiner Emigration (1939) in den USA als Schüler und Lehranalysand von H. S. Sullivan kennenlernte. Er nahm eine kritische Haltung gegenüber deren positivistischen Positionen ein, die damals die amerikanische Ichpsychologie beherrschten, und galt dort als Außenseiter. So bestritt er z. B. die von Freud angenommene strikte Trennung zwischen vorsprachlichem und sprachlichem Bereich sowie zwischen Primär- und Sekundärprozess. Mit dem Begriff der Bezogenheit wurde er zu einem Vorreiter des Intersubjektivismus

Das intersubjektive Feld ist demnach ein Feld für Entwicklung und Veränderung, ein Transformationsraum für mentale Zustände, sprich: für Befindlichkeiten und Motivationen der Beteiligten. Diese bilden in jedem von ihnen die Basis des Selbst. Demnach entsteht das Selbst im intersubjektiven Raum und wird darin verändert.

Die Abgrenzung von Bezogenheit, Beziehung und damit verbundenen Interaktionen ist unscharf. Sie ist auch nicht allgemein anerkannt. Ich schlage die folgende Verwendung der Begriffe vor:

- Mit *Bezogenheit* bezeichne ich einen gemeinsamen mentalen Zustand der Verbundenheit.
- Von *Beziehung* spreche ich, wenn eine gewisse Autonomie der Beteiligten, die miteinander im Kontakt stehen, betont werden soll.
- Von *Interaktion* wird die Rede sein, um die aufeinander bezogenen Verhaltensweisen zu bezeichnen.

Die Kernaussage des Intersubjektivismus ist die These, dass menschliche Entwicklung und menschliches Verhalten nur im Kontext der Bezogenheit verstanden und übrigens auch verändert werden können. Die Annahme einer individuellen Psyche, die sich unabhängig von einem intersubjektiven Feld entwickelt, halten die Intersubjektivisten dagegen für eine Illusion.

Das sind weitgehende Annahmen, die unser traditionelles psychologisches Denken gleichsam auf den Kopf stellen. Aus traditioneller Sicht ist es das Individuum, das sich in Beziehung setzen kann und damit zum Initiator für Beziehungen wird. Bei den Intersubjektivisten ist es umgekehrt. Hier geht alles von der Bezogenheit aus. Sie ist die Voraussetzung und Bedingung dafür, dass das Selbst entsteht bzw. sich in den Beteiligten des intersubjektiven Feldes neu konstituiert. In der Konsequenz rückt die Bezogenheit auch in das Zentrum der intersubjektiven Betrachtung des psychotherapeutischen Prozesses.

Daraus ergibt sich, dass die Psychoanalyse unter dem Paradigma der Intersubjektivität an einen Wendepunkt gelangt. Womöglich stehen wir am Beginn einer neuen psychoanalytischen Kultur. Das würde bedeuten, dass die intersubjektive Wende für sich mit Recht den Stellenwert eines Paradigmenwechsels in der Psychoanalyse beanspruchen würde.

Der Andere im Werk von Sigmund Freud

Sigmund Freuds großes Verdienst besteht darin, sich mit der Beschreibung des dynamischen Unbewussten der Individualität des modernen Menschen verschrieben zu haben. Damit entwarf er eine Persönlichkeitstheorie, die ein vertieftes Verständnis für die neuen Lebensformen seiner Zeit, d. h. im Zeitalter der Industrialisierung und des Fin de Siècle, schuf, für eine neue Art Subjekt zu sein. Sie gab der inneren Welt Vorrang vor der sozialen Realität. Ihr Programm war die Emanzipation der Subjektivität gegenüber dem Gesellschaftlichen, des Privaten gegenüber dem Öffentlichen. Dieses Programm wurde auch zur Basis der psychoanalytischen Therapie. Ihr Mittel war die Selbstreflexion mit dem Ziel der Enthüllung der Einzigartigkeit des Subjekts und der Entfaltung einer höchstpersönlichen Autonomie, die sich in der individuellen Biographie begründet.

Bei seinem Entwicklungsmodell ging er von der Grundannahme aus, dass das primäre Ziel der psychischen Organisation die Triebabfuhr ist. Er beschrieb die Psyche als ein weitgehend in sich geschlossenes System, das nach dem Prinzip des Lustgewinns und der Vermeidung von Unlust funktioniert. Wie er in seiner Metapsychologie[4] darlegte, ist die zentrale Orientierung der psychischen Mechanismen daher auf das Bestreben ausgerichtet, innerseelisch Spannungen zu vermindern und unerträgliche Affekte zu vermeiden. Das geschieht mit Hilfe der Abwehr, die vor allem unter dem Einfluss gesellschaftlicher Zwänge wirksam wird. Sie verändert das Erleben, indem sie unerträgliche Regungen und Wahrnehmungen aus dem Bewussten ausklammert. Dadurch entsteht ein seelischer Bereich jenseits der Bewusstseinsschranke, den Freud das **dynamische Unbewusste** nannte.

Das topische Persönlichkeitsmodell

In seinem ersten Persönlichkeitsmodell beschrieb Freud die psychische Organisation, indem er die Inhalte des Erlebens Orten unterschiedlicher Bewusstheit zuordnete.

Diese Orte nannte er das »System Bewusst/Vorbewusst« und das »System Unbewusst«. Zwischen beiden liegt die Verdrängungsschranke. Er be-

---

[4] Unter metapsychologisch verstand Freud (1915) eine Beschreibung, in der »es uns gelingt, einen psychischen Vorgang nach seinen dynamischen, topischen und ökonomischen Bedingungen zu beschreiben.«

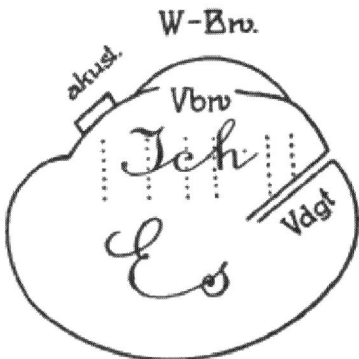

Abb. 1.2: Freuds topisches Modell der Psyche

schrieb dieses topische Modell (Topos [griech.] bedeutet Ort) in seinem großen persönlichkeitspsychologischen Entwurf im 7. Kapitel der *Traumdeutung*[5]. Dort befasste er sich auch mit den Mechanismen und Prozessen, welche von Trieben gespeist werden und die Prozesse zwischen bzw. in diesen Systemen regulieren. Das waren insbesondere

- als *Abwehr* die Verdrängung, wobei Freud sich anfangs im Wesentlichen mit der Triebabwehr befasste; aus dem Bewusstsein verdrängte Triebe bilden als Triebrepräsentanzen den Inhalt des dynamischen Unbewussten,
- als *Regulative* das Lustprinzip im Unbewussten und das Realitätsprinzip im Bewussten,
- als *Grammatik* des Unbewussten der Primärprozess und als Alltagslogik im Bewussten der Sekundärprozess.

Bereits in einem früheren »Entwurf einer Psychologie« hatte Freud[6] versucht, ein Modell für das Funktionieren der Psyche zu entwickeln und dafür aus der Neurophysiologie die Idee eines **psychischen Apparates** entlehnt. Diese physikalistische Metapher behielt er in seinem gesamten Werk bei. Damit richtete sich das Augenmerk der Psychoanalyse über lange

---

5 Freud S (1900)
6 Freud S (1895)

Zeit allein auf innerseelische Prozesse. Er betrachtete psychisches Funktionieren relativ unabhängig von der sozialen Umwelt.

Der Andere kam darin vor allem in zwei Funktionen vor: Als Liebesobjekt, auf das die Triebe ausgerichtet sind und an dem sich die Konflikte entzünden, die dann verdrängt werden, und als Repräsentant einer mehr oder weniger triebfeindlichen Umwelt, unter deren Einfluss die Verdrängung in Gang gesetzt wird, die insbesondere im Ödipuskomplex zum Tragen kommt.

Um noch einmal mit Michael Balint zu sprechen, kann man sagen, dass Freud mit diesem Modell eine Einpersonen-Psychologie gestiftet hat. Das soll nicht heißen, dass es die Gesellschaft, die soziale Umwelt in diesem Denkmodell gar nicht gäbe. Sie bildet implizit als verdrängtes Triebziel einen bedeutenden Teil des dynamischen Unbewussten. Bei der Konstituierung der Persönlichkeit spielt sie aber keine besondere Rolle.

Das eigentliche Movens der menschlichen Entwicklung, des Verhaltens und Erlebens sind nach Freuds Auffassung aber die Triebe, die er als rein biologisch begründet betrachtete[7]. Er verstand darunter anfangs nur den Drang zur Abfuhr somatischer Erregungen. Erst nach und nach gewannen psychologische Aspekte sein Interesse, wenn er den Trieb später[8] als *Repräsentanz* einer somatischen Reizquelle definierte, d.h. als eine mit Affekten verknüpfte Vorstellung. Auf jeden Fall aber war Freuds ursprünglicher Ansatz der einer Triebpsychologie und als solcher individualistisch geprägt.

Die Einpersonen-Perspektive gründet im positivistischen Forschungsansatz, in dem er in seiner voranalytischen Zeit bis etwa 1890 als Neurophysiologe in der sogenannten Helmholtz-Schule ausgebildet worden war. Danach ist das Individuum das Objekt der Betrachtung, etwa wie ein Beobachtungsobjekt unter dem Mikroskop, und nicht seine Einbettung in den sozialen Kontext.

Dieser Hintergrund prägt auch die frühe psychoanalytische Entwicklungslehre, die Freud in den *Drei Abhandlungen zur Sexualtheorie*[9] vorgelegt

---

7 Das ist eine der Auffassungen, denen Loewald, der oben erwähnt wurde, vehement widersprochen hat.
8 Freud S (1915)
9 Freud S (1905)

hat. Hier beschrieb er die psychologische Entwicklung als genuin intrinsischen Prozess. Dieser wird durch den Trieb gesteuert, wobei er bekanntlich eine phasenhafte Entwicklung unterstellte, die durch die Besetzung sogenannter erogener Zonen geprägt ist (▶ 3. Vorlesung).

> **Kasten 1.2: Die wichtigsten Schriften zum Persönlichkeitsmodell von Sigmund Freud**
>
> - 1895 Studien zur Hysterie
> - 1900 Traumdeutung, darin vor allem Kapitel 7
> - 1915 Das Unbewusste
> - 1923 Das Ich und das Es
> - 1926 Hemmung, Symptom und Angst
> - 1936 Abriss der Psychoanalyse

Das Instanzenmodell

Auch als Freud ab 1910 sein Persönlichkeitsmodell radikal umbaute, behielt er die Perspektive einer Einpersonen-Psychologie bei. Den Hintergrund für den Umbau bildete die Erfahrung, dass sich die psychischen Prozesse auf Dauer nicht befriedigend Orten verschiedener Bewusstheit zuordnen ließen. Das galt vor allem für die Abwehrprozesse, die teils unbewusst, teils bewusst ablaufen.

So gelangte er zu einer veränderten Sichtweise, indem er begann, die Prozesse von ihrer Funktion her zu betrachten, statt sie bestimmten Bereichen zuzuordnen. Auf diese Weise gelangte er zu drei seelische Funktionsbereichen, die er Instanzen nannte. Diese sind das Es, das Ich und das Überich.

- *Das Es* umfasst das Leidenschaftliche, die Triebe sowie die verdrängten Phantasien, Wünsche und Vorstellungen.
- *Das Überich* enthält das Moralische, die Werte und Normen, die durch die Erziehung und den Sozialisationsprozess vermittelt werden.

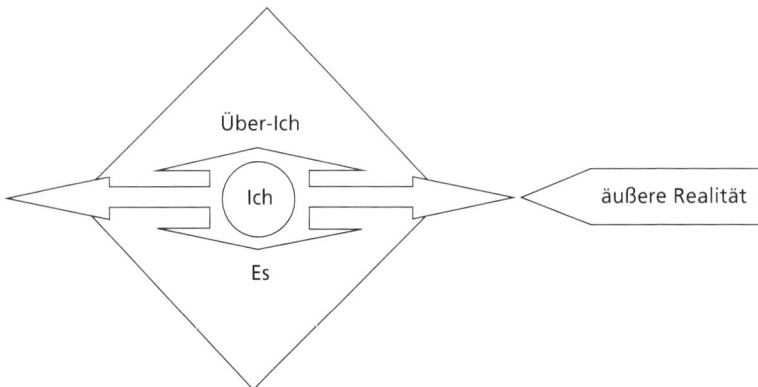

Abb. 1.3: Instanzenmodell der Psyche (auch Strukturmodell genannt) nach Freuds Auffassung in *Das Ich und das Es* (1923).

- *Das Ich* repräsentiert die Vernunft. Es bildet die Steuerungsinstanz, die zwischen den verschiedenen Strebungen, zwischen Es und Überich und zwischen innen und außen vermittelt. Dieser Funktionsbereich rückte im weiteren Verlauf immer mehr in das Zentrum des Interesses, so dass man für Freuds Alterswerk ab etwa 1925 von einer ichpsychologischen Wende sprechen kann.

Das Instanzenmodell lässt den Bezug zum Anderen deutlicher erkennen als das frühere topische Persönlichkeitsmodell. Der Andere wird nach wie vor als Triebziel im Es konzipiert, also als Objekt der Triebe und der daran geknüpften Konflikte. Außerdem findet das gesellschaftliche Umfeld über die Erziehung Eingang in das Überich. Dieses entsteht, so Freud, im Wesentlichen durch den »Untergang des Ödipuskomplexes«, indem das Kind sich nämlich mit den Elternfiguren identifiziert und ihre normativen Vorstellungen übernimmt. Diese Idee des Überichs, die er in der Schrift *Das Ich und das Es*[10] ausgearbeitet hat, ist ein früher Vorläufer einer interpersonellen Konzeption der Persönlichkeitsentwicklung, wie sie uns später im Kontext des Intersubjektivismus weiter beschäftigen wird.

---

10 Freud S (1923)

Schließlich ist das Instanzenmodell eng mit der Vorstellung verbunden, dass das Subjekt in eine soziale (und natürlich auch materielle) Außenwelt eingebunden ist. In der Regulation der Beziehung zwischen innen und außen liegt eine der Aufgaben des Ichs. Es kontrolliert, z. B. durch die Funktion der Wahrnehmung, welche Forderungen an das Subjekt von außen herangetragen werden, und vermittelt, z. B. durch Handlungen, die Reaktionen darauf. Ebenso vermittelt es unter der Zensur des Überichs die Ansprüche des Es und setzt sie in sozial kompetentes Verhalten um.

Trotz all dem bleibt festzuhalten, dass Freud sich in seinem Werk vorrangig mit den innerseelischen Prozessen befasste und wenig mit den Beziehungen zu anderen oder gar mit der Bezogenheit. Das blieb auch nach der ichpsychologischen Wende in Freuds Spätwerk so.

Selbst die spätere Ichpsychologie, die dadurch angeregt wurde, blieb auf die Einpersonen-Perspektive begrenzt. **Anna Freud**, die sich als Ichpsychologin der Weiterentwicklung von Freuds Werk widmete, beschrieb mit den Abwehrmechanismen innerseelische Prozesse, die unter dem Druck der äußeren Realität entstehen.[11] Und auch **Hartmann, Kries und Loewenstein**, die nach ihren Emigrationen in die USA dort die Entwicklung der Ichpsychologie vorantrieben (s. unten), befassten sich mit den Anpassungsleistungen des Ichs an die Gesellschaft als intrapsychische Phänomene.[12] Man kann ohne Übertreibung sagen, dass die Ichpsychologie weitgehend auf das Studium innerseelischer Vorgänge begrenzt blieb. Dass der Andere als Teil der sozialen Umwelt intrapsychische Realität *hervorbringt*, spielt dabei nur am Rande eine Rolle.

Das klassische Behandlungsmodell

Die Einpersonen-Perspektive hatte natürlich nachhaltige Konsequenzen für die Anwendung auf die Psychotherapie. Allerdings zeigen sich in der Behandlungstheorie schon relativ früh im Zusammenhang mit der Ent-

---

11 Freud A (1936)
12 Hartmann H (1939)

deckung der Übertragung um 1895 erste Ansätze zu einem interaktionellen Konzept.[13] Solange Freud den Kern der Neurose in der Verdrängung von infantilen Triebwünschen ins Unbewusste sah, bestand das Ziel der analytischen Arbeit darin, die Verdrängung aufzuheben und die Inhalte des Unbewussten aufzudecken und ins Bewusste zu integrieren. Dabei war die Analyse von Assoziationen, Symptomen, Träumen, Fehlleistungen und anderem psychischen »Material« das maßgebliche technische Mittel. Dieses Konzept verfolgte er bis etwa 1895.

Dass die Patienten dabei als Objekt der Therapie gesehen wurden, welches von einem unbeteiligten Standpunkt aus betrachtet wurde, war damals selbstverständlich. Dieses Therapiemodell entsprach und entspricht ja weitgehend auch noch heute der Auffassung von medizinischen Behandlungen vor dem Hintergrund einer naturwissenschaftlich-positivistischen Grundauffassung von Krankheit. Diese – die Krankheit – und nicht der Patient war der eigentliche Gegenstand der Therapie. Der Therapeut als Person, die Beziehung zwischen Patient und Therapeut und die Bezogenheit als Raum der Begegnung und Veränderung kamen in dieser Auffassung nicht wirklich vor.

Das änderte sich um 1895 mit der **Entdeckung der Übertragung** im Zusammenhang mit der Behandlung von Patientinnen, die unter hysterischen Störungen litten. Es zeigte sich nämlich, dass diese Patientinnen dazu neigten, durch projektive Wahrnehmungsverzerrungen Freud gegenüber Gefühlsregungen zu entwickeln, die einer »sachlichen« Beziehung in der Behandlung nicht angemessen waren. Diese Verkennungen nannte er Übertragung. Er fand heraus, dass sie im Wesentlichen durch »falsche Verknüpfungen«[14] zwischen ihm und Personen bzw. Erlebnissen aus dem früheren Leben zustande kamen und wichtige Hinweise auf unerledigte Konflikte in der Vergangenheit enthielten.

---

13 Freud S (1895)
14 Freud S (1895)

Abb. 1.4: Sigmund Freud (1856–1939)[15] folgte in seinem Werk sein ganzes Leben lang einem positivistischen Ansatz, den er in seiner voranalytischen Zeit in der Schule von Helmholtz vermittelt bekommen hatte. Dieser Ansatz beschreibt psychische Prozesse aus der Einpersonen-Perspektive und lässt für die Betrachtung des Anderen wenig Raum. Mit der Entdeckung der Übertragung fand diese zunächst sehr eingeschränkte Perspektive allerdings eine deutliche Erweiterung in Richtung des späteren Beziehungsdenkens, das für die Psychoanalyse ab etwa 1950 charakteristisch wurde.

Das führte zu der Erkenntnis, dass die Beziehung zum Therapeuten ein bedeutendes Medium in der psychoanalytischen Behandlung darstellt. Sie wird zur Projektionsfläche für Übertragungen, die durch den Erinnerungsprozess aktualisiert werden. In ihnen bilden sich die bedeutendsten Elemente der Neurosen ab. In seiner Arbeit *Erinnern, Wiederholen, Durcharbeiten*[16] schrieb Freud, dass die Neurose auf diese Weise in eine Übertragungsneurose transformiert und damit der Behandlung zugänglich wird.

---

15 Hier auf einer Fotografie von seinem Schwiegersohn Max Halberstadt von 1921.
16 Freud S (1914)

Ohne Zweifel stellt die Entdeckung der Übertragung den bedeutendsten Markstein in der Entwicklung der psychoanalytischen Behandlungslehre dar. Sie veränderte die Vorstellung über die Bedeutung der therapeutischen Beziehung grundsätzlich. Nach und nach wurde auch deutlich, dass auch der Behandler affektiv und mit Phantasien auf die Patienten reagiert und eine **Gegenübertragung** entwickelt.[17] Damit erschien die therapeutische Beziehung erstmals in einem neuen Licht und eröffnete den Weg hin zu einer interaktionellen Sichtweise, welche die Entwicklung der psychoanalytischen Behandlungstheorie und -praxis nach Freud bestimmte.

Der Andere in den Objektbeziehungstheorien

Die postfreudianische Psychoanalyse ist aus meiner Sicht vor allem durch zwei Entwicklungen gekennzeichnet, die – im groben Überblick betrachtet – Hand in Hand miteinander gingen. Zusammengenommen kann man darin den ersten großen Paradigmenwechsel sehen und, wie oben bereits erwähnt, mit Michael Balint von einer Ablösung der Einpersonen-Psychologie durch die Zweipersonen-Psychologie sprechen.

- Die eine Entwicklung ist die *Entwicklung der Objektbeziehungstheorie*,
- die andere die *Neubewertung der Gegenübertragung* im Behandlungsprozess mit all den daraus folgenden Konsequenzen.

Durch diesen Wechsel erhielt der Andere viel mehr Bedeutung für das Verständnis der menschlichen Entwicklung und die metapsychologischen Konzepte, aber auch für die Prozesse in der Behandlungssituation.

Den Begriff **»Objekt«** tauchte bereits bei Freud auf. Er hatte ihn dem Denken des französischen Philosophen René Descartes (1596–1650) entnommen, der den Wahrnehmenden als Subjekt und den Wahrgenommenen als Objekt bezeichnet hatte. Objekt meint in diesem Sinne den

---

17 Freud S (1910a)

Anderen im Außen, also das äußere Objekt. Unter dem Vorzeichen der Triebtheorie ist dieses bei Freud vor allem eine Person, die sexuelle Befriedigung verschafft.

Mit der Objektbeziehungstheorie wandte die Psychoanalyse sich der Entwicklung der innerseelischen Vorstellungswelt zu, die durch die Interaktionen mit den wichtigen Beziehungspersonen des Lebens entstehen. Hier bezeichnet der Begriff Objekt eine Person, die auf die Äußerungen des Subjekts eingeht und darauf reagiert.

Objektbeziehungen bezeichnen hingegen die innerseelische Repräsentation der Erfahrungen mit anderen. Genau genommen müsste man von Objektbeziehungs-Repräsentanzen sprechen. Sie enthalten die Vorstellung vom Anderen, von der eigenen Person (dem Selbst) und die affektive und motivationale Verbindung, die zwischen beiden besteht. Diese Auffassung ist ausführlich vor allem von Otto Kernberg[18] dargelegt worden. Objektbeziehungen sind das Ergebnis der Verinnerlichung von Erfahrungen mit der Außenwelt. Sie können von der realen Interaktion abweichen. Darin äußert sich die Macht von Verarbeitungs- und Abwehrvorgängen, die zu Verzerrungen im Vergleich zwischen innerer und äußerer Realität beitragen. Die konkreten Erfahrungen im Außen werden demnach von den inneren Objektbeziehungen unterschieden. Sie werden als Interaktionen bezeichnet.

Die **Objektbeziehungstheorie** entstand in London um 1940. Sie umfasst verschiedene Ansätze, die alle die zentrale Bedeutung der frühen Mutter-Kind-Beziehung für die Entwicklung der Objektbeziehungen eines Kindes betonen. Danach sind die Vorstellungen des Kindes von sich und seinen inneren Objekten von den frühen Erfahrungen mit seinen Bezugspersonen abhängig. Diese beeinflussen die Persönlichkeitsentwicklung und die spätere Beziehungsgestaltung eines Menschen.

Als Vorreiterin dieser Theorien gilt **Melanie Klein**, die ungarische Analytikerin, die in den 1920er Jahren nach London gekommen war. Dort formulierte sie – nach Anfängen in Wien – auf der Basis ihrer Erfahrungen aus der analytischen Arbeit mit Kindern eine Theorie, die gemeinhin als erste Theorie der Objektbeziehungen gilt. Ihre bedeutendsten Schülerinnen und Schüler waren Wilfried Bion, Paula Heimann (die sich später von

---

18 Kernberg OF (1976)

ihr abwandte) und Betty Joseph. Daneben entstand eine Britische Schule der Objektbeziehungstheorie mit Michael Balint, William Fairbairn, Harry Guntrip, Donald Winnicott und anderen (s. unten).

Klein, Bion und die Projektive Identifikation

Melanie Kleins Objektbeziehungstheorie

Obwohl Melanie Klein als Begründerin der Objektbeziehungstheorie gilt, befasste sie sich weniger mit den Erfahrungen mit äußeren Objekten und den Verinnerlichungsprozessen als mit der Bewältigung von unbewussten Phantasien, die das Trieberleben begleiten.[19] Dabei beschrieb sie in Anlehnung an Freud den Kampf zwischen Lebens- und Todestrieb als den Grundkonflikt des Lebens. Beide Triebe und die begleitenden Phantasien sind nach ihrer Auffassung angeboren und vom Beginn des Lebens an wirksam. Die Bewältigung des Grundkonfliktes ist die Aufgabe der frühen präödipalen Entwicklung. Die Bedeutung des Anderen, der äußeren Objekte, besteht vornehmlich darin, diese Phantasien zu verifizieren und zu modifizieren und im Prozess der Konfliktbewältigung verwendet zu werden.

So ist das erste Objekt nach Klein die frustrierende Mutterbrust, die unter dem Einfluss des Todestriebes als feindlich, aggressiv und zerstörerisch phantasiert wird und paranoide Ängste hervorruft. Der Kampf gegen die versagende äußere Brust bestimmt die erste Lebensphase. Durch Verinnerlichung entsteht mit der »bösen« Brust die erste Objektrepräsentanz. Die Mutterbrust wird in ihren befriedigenden Aspekten unter der Wirkung des Lebenstriebes aber auch geliebt und als positive Objektrepräsentanz, als »gute« Brust verinnerlicht. So entsteht eine gespaltene innere Welt, gespalten in Gut und Böse, die den Grundkonflikt zwischen Libido und Destrudo abbildet und von Verfolgungsängsten beherrscht wird. Diese Konstellation wird von Klein als **paranoid-schizoide Position** bezeichnet.

---

19 Klein M (1962)

Abb. 1.5: Melanie Klein (1882–1960) gilt als Begründerin der Objektbeziehungstheorie. Sie befasste sich allerdings mehr mit der Bewältigung unbewusster Phantasien als mit den Bezugspersonen als konkrete Andere in der äußeren Realität. (Bildnachweis: Wellcome Library, London)

Durch Identifikation mit den befriedigenden Seiten der Mutter, mit der »guten« Brust gelingt es in der weiteren Entwicklung, die zerstörerischen Phantasien zu bewältigen und zu einer besser integrierten inneren Welt zu gelangen. Die Objektrepräsentanzen erscheinen nun ganzheitlicher und realistischer, Gut und Böse stehen sich nicht mehr so polar gegenüber. Damit erreicht das Kind etwa mit drei Monaten die **depressive Position.** Diese Entwicklungsphase wird von der Angst vor dem eigenen zerstörerischen oralen Sadismus beherrscht. Er bedroht das innere Objekt Mutter und ruft depressive Gefühle der Hoffnungslosigkeit hervor. Auch die Hinwendung zum Vater mit etwa neun Monaten und die damit verbundenen ödipalen Wünsche (der »frühe Ödipuskomplex« nach Klein) bedrohen die innere Mutter. In dieser Situation entstehen schließlich die depressiven Schuldgefühle, denen das Kind mit Widergutmachungswünschen begegnet, die für die depressive Position typisch sind.

Die sehr komplexen Theorien von Melanie Klein können hier nur sehr grob angedeutet werden. Es soll dabei deutlich werden, dass die angeborenen unbewussten Phantasien und die darin enthaltenen Triebäußerungen darin einen bedeutend größeren Stellenwert haben als die Interaktion mit realen äußeren Objekten. Indem sie aber die innere Welt als ein Szenarium von unbewussten Objektvorstellungen konzipiert, von sogenannten inneren Objekten, eröffnete Melanie Klein der Psychoanalyse völlig neue Horizonte. Darin liegt ihr bleibendes Verdienst.

Erweiterungen durch Wilfried Bion

Abb. 1.6: Wilfried Bion (1897–1979) gilt als der wichtigste Schüler von Melanie Klein. Er hat mit seinen Beiträgen die Objektbeziehungstheorie maßgeblich mit geprägt. (Bildnachweis: © Francesca Bion)

In der Tradition von Melanie Klein bewegte sich Wilfried Bion, der in Indien geboren wurde und aufwuchs und später überwiegend in London lebte und arbeitete. Er hat mit seinen Beiträgen die Objektbeziehungstheorie maßgeblich mit geprägt. In seinem Werk erscheint der Andere mehr als bei Klein als ein reales äußeres Objekt, das innere Entwicklung bewirkt.

In seiner Theorie des Denkens[20] beschrieb er, wie das Kind durch die Abwesenheit der realen Mutter in eine Entwicklungskrise gerät, die es bewältigt, indem an die Stelle der äußeren Mutter eigene Gedanken treten. Auf diese Weise beginnt das Kind überhaupt erst, autonom zu denken. Hier bewirkt eine Negativerfahrung am äußeren Objekt (negativ im Sinne von Fehlen) also einen Strukturzuwachs.

---

20 Bion WR (1962)

In ähnlicher Weise bewirken positive Erfahrungen mit der realen Mutter nach Bion einen Zuwachs an psychischer Kapazität. Er nahm an, dass sie vom Kind als Container für unbearbeitetes Rohmaterial verwendet wird. Sie nimmt dieses in sich auf, verarbeitet es, indem sie es instinktiv mit eigenen Erfahrungen und der eigenen Emotionalität in Verbindung bringt, und gibt es schließlich in der veränderten Form dem Kind wieder zurück. Bion nannte das die **Alphafunktion** der Mutter.[21]

Dieses zunächst etwas mechanistisch anmutende Modell lässt sich am Beispiel der Angstbewältigung verdeutlichen. Bekanntlich reagieren Kinder auf fremde Situationen, indem sie sich am Verhalten und insbesondere am Gesicht der Mutter orientieren. Ein bekanntes Beispiel dafür ist die von René Spitz beschriebene Achtmonatsangst. Die Kleinkindforschung hat herausgefunden, dass sie sich beruhigen, wenn sie die beruhigenden Gesichtszüge der Mutter wahrnehmen. Diese sagen ihm gleichsam, dass keine Gefahr im Verzuge ist und die Angst unbegründet ist.

Nach dem Containermodell kann man sagen, die Mutter hat die Angstregungen in sich aufgenommen, mit ihrer eigenen Wahrnehmung und Erfahrung in Beziehung gesetzt und dem Kind als Entwarnungsmeldung zurückgegeben. Diesen Prozess, der zumeist unbemerkt verläuft, kann das Kind nun verinnerlichen. In vergleichbarer Situation kann es sich dann selbst beruhigen.

Projektive Identifikation

Zur Erklärung dieser Vorgänge griff Bion auf ein Konzept zurück, das Melanie Klein[22] bereits 1946 eingeführt hatte, das Konzept der projektiven Identifizierung. Es beschreibt in der für Klein typischen konkretistischen Weise, wie ein Kind (und jeder Mensch) eigene Anteile, Gefühle oder Phantasien in einen anderen »hineinprojizieren« kann, als sei der andere so etwas wie ein Behälter (Container bei Bion). Damit kann es unerwünschte eigene Anteile loswerden. Wenn der Andere sich mit dieser Projektion identifiziert, wird er durch die abgewehrten Anteile des Kindes von innen

---

21 Bion WR (1962)
22 Klein M (1946)

heraus beherrscht. Es kann zum Beispiel eine bedrohliche Wut erleben, die ihm fremd ist, weil sie aus dem Kind stammt. Die abgewehrte Wut des Kindes wühlt dann im Anderen.

Bei der Alphafunktion bleibt es aber nicht dabei. Hier kommen zunächst die Verarbeitungsfunktionen zum Tragen, über welche die Mutter aufgrund ihrer Persönlichkeit und ihrer Lebenserfahrungen verfügt. Sie »weiß eben einfach«, dass eine bestimmte Situation, die ihr Kind beängstigt, keine Gefahren birgt und reagiert nun mit »Das ist doch nur ein liebes Kätzchen ...«. Auf diese Weise gibt sie die Information »Achtung Gefahr« mit einem Signal der Entwarnung zurück. Im Konzept der projektiven Identifizierung gesprochen, projiziert sie das inzwischen veränderte Material in das Kind zurück und stellt es für Identifikationen zur Verfügung.

Winnicott und die primären mütterlichen Funktionen

Während die Schule von Melanie Klein sich in den 1940er Jahren in London erbitterte Kämpfe um ihre Auffassungen mit der Gruppe der Freudianer um Anna Freud lieferte, entwickelt die »Britische Schule« der Unabhängigen zwischen beiden eigene Konzepte und Theorien. Zu ihren bedeutendsten Vertretern gehörten, wie bereits erwähnt, Balint, William R. D. Fairbairn (1898–1964), Harry Guntrip (1901–1975) und Winnicott. Sie rückten die frühe Mutter-Kind-Beziehung als reales äußeres Interaktionsfeld in das Zentrum ihres Interesses und gelangten zu einer viel stärkeren Gewichtung des realen Anderen für die Entwicklung des Selbst als die Kleinianer. Im Gegensatz zu diesen hielten sie die Triebe für den Aufbau psychischer Strukturen für relativ unbedeutend.

Vorläufer fand diese Entwicklung bei dem ungarischen Schüler von Freud **Sándor Ferenczi**. Er betonte bereits im Ausbau seiner »aktiven Technik«[23], zuletzt und am deutlichsten aber in seinem berühmten Vortrag von 1932 *Sprachverwirrung zwischen den Erwachsenen und dem Kind*[24] die Realtraumatisierungen bei der Entstehung von Neurosen und den aktiven Anteil des Analytikers bei ihrer Bewältigung. Damit hob er die Bedeutung

---

23 Ferenczi S (1921)
24 Ferenczi S (1933)

Abb. 1.7: Sándor Ferenczi (1873–1933), der bedeutendste ungarische Psychoanalytiker und zugleich ein Lieblingsschüler von Sigmund Freud, betonte als einer der Ersten den Einfluss des realen Anderen auf die Entwicklung und im therapeutischen Prozess. Sein wichtigster Schüler Michael Balint (1896–1970) entwickelte daraus sein Konzept einer primären Bezogenheit.

der realen Beziehungen hervor, also den sozialen Bezug. Sein Schüler, der ebenfalls in Ungarn gebürtige **Michael Balint**, führte dieses Konzept weiter. Ferenczi war von einem Stadium der passiven Objektliebe[25] ausgegangen – will sagen: einem Bedürfnis am Anfang des Lebens, uneingeschränkt geliebt zu werden. Er hatte sich damit von Freud und dessen Idee eines primären Narzissmus und einer autistischen Frühphase distanziert. Balint nahm nun einen primären Zustand der Bezogenheit an, für den er den Begriff primäre Objektliebe prägte.[26] Diese Konzepte kann ich nur andeuten.

Etwas ausführlicher greife ich einige Auffassungen heraus, die **Donald W. Winnicott** auf der Grundlage seiner Arbeit mit Kindern und Er-

---

25 ebenda, S. 520
26 Balint M (1937)

Abb. 1.8: Donald Woods Winnicott (1896–1971) kam als Kinderarzt zur Psychoanalyse. Sein Konzept der Objektverwendung warf ein neues Licht auf die Bedeutung der Mutter für die Entwicklung des Kindes und auf die Funktion des Therapeuten im Behandlungsprozess.

wachsenen entwickelt hat. Sie bilden so etwas wie das Urgestein des Intersubjektivismus.

Das gilt insbesondere für sein Buch *Reifungsprozesse und fördernde Umwelt*. Dort beschrieb er als entwicklungspsychologische »Einheit nicht das Individuum, die Einheit ist ein Gefüge aus Umwelt und Individuum. Der Schwerpunkt des Seins geht nicht vom Individuum aus, er liegt im Gesamtgefüge.[27]« Ähnlich wie Balint unterstellte er ein grundsätzliches Bedürfnis nach Beziehungen und ein genuines Entwicklungspotential, das in der frühen Mutter-Kind-Dyade gefördert oder aber beeinträchtigt werden kann. Für eine gesunde Entwicklung bedarf es einer Bezugsperson, die sich als Objekt verwenden lässt, an dem das Kind reifen kann. Psychopathologie erschien ihm daher im Wesentlichen als eine Störung der Objektverwen-

---

27 Winnicott DW (1965), dt. 1974, S. 127.

dung, d. h. – mit einem anderen seiner Begriffe gesprochen – als Reifungsstörung in einer unzureichend fördernden Umwelt. **Objektverwendung** umfasst in der Anfangszeit des Lebens vor allem die Aufgabe der Mutter, dem Kind die Illusion von absolutem Zusammenpassen zu vermitteln, damit sensorische Brüche wie Schmerz und Dysfunktionen überbrückt werden und eine Kontinuität im Erleben erreicht werden kann. Winnicott nennt das primäre Mütterlichkeit. Dabei ist es ihre zentrale Funktion, ihr Kind affektiv zu spiegeln. In dieser Funktion wird sie zu einem phantasmatischen »subjektiven Objekt«, aus der Illusion der Ungetrenntheit erschaffen.[28]

Der kritische Punkt in der Entwicklung wird erreicht, wenn das Kind sich der Getrenntheit von der Mutter bewusst wird, z. B. wenn sie abwesend ist. Dann beginnt die Unterscheidung zwischen subjektiver und objektiver Welt. Um diesen Entwicklungsschritt zu bewältigen, verwendet das Kind materielle Dinge wie Spieltiere oder Kissen (oder auch Handlungen wie das Spielen) als subjektive Objekte an Stelle der Mutter. Winnicott nannte sie **Übergangsobjekte** (bzw. -phänomene). Sie vertreten das Mutterobjekt der Getrenntheit und symbolisieren zugleich die Beziehung.

Ausführlich beschäftige er sich mit den Anforderungen an die Umwelt, vertreten durch die »genügend gute Mutter«. Auch in der weiteren Entwicklung besteht ihre Funktion vor allem darin, sich für die Bewältigung von Entwicklungsschritten verwenden zu lassen. Sie muss z. B. Angriffe aushalten und gleichsam überleben, damit Hass integriert werden kann. Ausdrücklich muss sie auf übergriffige Forderungen verzichten, damit das Kind den Weg zu eigenen Bedürfnissen, zu seiner Autonomie und zu seinem wahren Selbst[29] findet und seine Potentiale entwickeln kann. In diesen Funktionen geht es um die reale Mutter der Außenwelt, um ihre Einstellungen und ihr Verhalten. Der Andere erhält bei Winnicott also eine viel größere Bedeutung als in der trieborientierten traditionellen Psychoanalyse.

Zusammenfassend kann man sagen: Der Mensch ist darauf angewiesen, dass ihm eine fördernde Umwelt einen Entwicklungsraum bereitstellt, in dem sich ein konsistentes Selbst entwickeln kann. Er kann sich daher nur

---

28 Winnicott DW (1956)
29 Winnicott DW (1960)

am Anderen entwickeln. Dabei betont Winnicott, dass das dyadische Prinzip zwischen Mutter und Kind wichtiger ist als die einzelnen Interaktionen. Das gipfelt in seinem berühmten Ausspruch: »*There is no such thing as a baby*«[30], was heißen soll: Einen Säugling an sich gibt es nicht. Wenn über den Säugling gesprochen wird, muss man immer auch den Beitrag der Mutter zu seiner Befindlichkeit berücksichtigen. Hier finden wir eine Idee, die im Intersubjektivismus als Konzept der Bezogenheit weiter ausgearbeitet wird.

Die Neubewertung der Gegenübertragung

Ich habe zu Beginn dieses Abschnittes bereits erwähnt, dass die Entwicklung der Objektbeziehungstheorien Hand in Hand ging mit einer Neubewertung der Gegenübertragung. Mit »Hand in Hand« will ich sagen: Zwischen beiden Entwicklungen gibt es eine Wechselwirkung, aber keinen ausdrücklichen Zusammenhang. Beide trugen dazu bei, dass ein vertieftes Verständnis des analytischen Prozesses bzw. der Dynamik der therapeutischen Beziehung möglich wurde. Man näherte sich gleichsam von zwei verschiedenen Seiten dem gleichen Phänomen an.

Auf der einen Seite verschob sich mit der Objektbeziehungstheorie der Schwerpunkt des Interesses auf die frühen Beziehungen, für die man nun auch Parallelen in den Prozessen der analytischen Behandlung suchte. Das wird in den Auffassungen von Winnicott sehr deutlich, der die Funktion des Analytikers mit der der Mutter der Außenwelt in der frühen Entwicklung parallel setzte und die Analyse als einen Entwicklungsraum nach dem Modell der fördernden Umwelt betrachtete. Ebenso ist diese Parallele im Konzept der Alphafunktion von Bion enthalten, die sich ohne Weiteres auf die Funktion des Analytikers übertragen lässt. Mit solchen Konzepten rückte die Person des Analytikers als ein aktiver Mitgestalter der analytischen Situation stärker in den Blickpunkt. Hier tritt eine Idee immer deutlicher in Erscheinung, die Sándor Ferenczi[31] entwickelt hatte.

---

30 Winnicott DW (1956)
31 Ferenczi D (1933)

Auf der anderen Seite war die Gegenübertragung bereits von Freud her bekannt. Darunter versteht man bekanntlich die Reaktionen des Analytikers auf seine Patienten und im engeren, eigentlichen Sinne auf die Übertragung. In *Die zukünftigen Chancen der psychoanalytischen Therapie*[32] hatte er sie als Hindernis in der Behandlung beschrieben und ihre Bewältigung gefordert, damit eine Behandlung gelingen könne. Während er sich in seinem Werk immer wieder ausführlich mit der Übertragung befasste, hat er die Idee der Gegenübertragung nicht weiter vertieft.

Abb. 1.9: Helene Deutsch (1884–1982), österreichisch-amerikanische Analytikerin, beschrieb die Gegenübertragung Ende der 1920er Jahre als okkulte Phänomene. Später entdeckte Paula Heimann (1899–1982) (rechts), die sich nach ihrer Emigration aus Deutschland der kleinianischen Richtung angeschlossen hatte und später mit ihr brach, ihren diagnostischen Wert, indem sie das Konzept der projektiven Identifizierung hinzuzog.

Helene Deutsch war es, die sich während ihrer Zeit in Berlin ausführlicher dem Studium der Gegenübertragung zuwandte. Sie beschrieb sie als »okkulte Phänomene«[33] und sah darin eine untergründige, aber rätselhafte Verknüpfung zwischen der Übertragung der Patienten und der Gegenübertragung des Analytikers.

---

32 Freud S (1910)
33 Deutsch H (1926)

Die wegweisende Idee zu einer Neubewertung trug später **Paula Heimann** in ihrer Arbeit *On Countertransference*[34] bei. Sie hatte sich in London dem Kreis um Melanies Klein angeschlossen. Während Klein die Gegenübertragung (ähnlich wie seinerzeit Freud) lediglich als Störfaktor im therapeutischen Prozess betrachtete, erkannte Heimann, dass die Gegenübertragung eine Inszenierung des Patienten im Analytiker ist und daher Rückschlüsse auf ihre inneren Zustände zulässt. Sie enthält also diagnostische Informationen, indem sie Beziehungsrepräsentanzen und Selbstzustände der Patienten widerspiegelt. Diese Auffassung, die deutliche Spuren des kleinianischen Denkens zeigt, führte dennoch zum Bruch mit Melanie Klein, die sich nicht zur Aufgabe ihrer eigenen Auffassung durchringen konnte.

Gegenübertragung und Projektive Identifizierung (PI)

Melanie Klein hatte die PI ursprünglich als ein reines Abwehrphänomen beschrieben, mit dem das Kind sich vor allem von destruktiven Erlebnissen befreit.[35] Bion hat diese Auffassung weiter differenziert und zwischen normaler und anomaler, rein defensiver PI unterschieden. Die normale Form ist sehr viel weniger drängend und verfolgt das Ziel, den Anderen über eigene innere Zustände zu informieren, indem man diese in ihn hineinverlagert. In dieser Form bildet sie die Grundlage der vorsprachlichen Kommunikation zwischen Mutter und Kind, auf der die Alphafunktion aufbaut.[36]

Die kommunikative Form der PI bildet auch die Grundlage der Gegenübertragung. Der Analytiker kann demnach durch Wahrnehmung seiner Gegenübertragung und Reflektion darüber Rückschlüsse auf die Übertragungsinhalte seiner Patienten ziehen. Spätere Analytiker, vor allem der Londoner Roger Money-Kyrle[37], gingen dann noch einen Schritt weiter. Danach beruht die therapeutische Wirkung der Analyse auf dem gesamten Interaktionszirkel von projektiver Identifizierung und **Gegen-**

---

34 Heimann P (1950)
35 Klein M (1946)
36 Bion WR (1959)
37 Money-Kyrle R (1956)

identifizierung, ähnlich wie Bion die Alphafunktion der Mutter beschrieben hat. Der entscheidende Wirkfaktor ist dabei die Verarbeitung des projizierten Materials in der Gegenübertragung.

Mit dieser Erweiterung hatte die Psychoanalyse endgültig die ursprüngliche Einpersonen-Perspektive überwunden. Nun war die reale Person des Analytikers und seine affektive Beteiligung mit in das Blickfeld des Behandlungsprozesses gerückt. Seine Aktivität beschränkt sich seither nicht mehr auf die Funktion als außenstehender, objektiver Beobachter, sondern wird viel weiter gesehen: Er leistet mit seiner Kapazität, Gegenübertragungen in sich aufzunehmen und diese zu verarbeiten, einen aktiven Beitrag zum psychoanalytischen Prozess.

Damit erreichte die Psychoanalyse den Status einer Zweipersonen-Perspektive, der ihre Entwicklung in der zweiten Hälfte des 20. Jahrhunderts bestimmte.

2. Vorlesung
Die intersubjektive Wende

Klassische Konzepte der Selbstentwicklung

Die Idee eines Selbst hat im abendländischen Denken eine lange Tradition. »Erkenne dich selbst«, diese Aufforderung über dem Eingang zum Tempel des Apollo von Delphi wurde zur Maxime des antiken Menschenbildes, das bis in unser heutiges Denken hineinwirkt. Nach Sokrates (470–399) gründen alle Tugend und Weisheit in der Selbsterkenntnis. Seine Maxime besagt, dass wir uns zum Objekt unserer eigenen Betrachtung machen und uns auf diesem Wege der Grundhaltungen bewusst werden können, die unser Tun und Handeln bestimmen. Für seinen Schüler Platon (428–347) besteht das Ziel der Selbsterkenntnis hingegen darin, Wissen um das eigene Nichtwissen zu erlangen.[38]

Diesen Ideen ist die Anschauung zu eigen, dass das Erkennende und das Erkannte »von gleicher Beschaffenheit«[39] sind. Sie bilden nach Auffassung der antiken Philosophie letztlich eine Einheit. Im späten 19. Jahrhundert taucht diese Interdependenz bei dem amerikanischen Psychologen **William James** (1890)[40] wieder auf, der als einer der ersten eine Psychologie des Selbst konzipierte. Darin beschreibt er einen Doppelaspekt des Selbst – nämlich einerseits das, was Bewusstsein hat, und andererseits das, was zum Bewusstsein kommt.

---

38 Das Zitat »Ich weiß, dass ich nichts weiß« aus Platons Apologie wird allerdings seinem Lehrer Sokrates zugeschrieben.
39 Platon. Ploiteia
40 James W (1890)

Abb. 2.1: Der Apollontempel in Delphi. Hier verewigten sich berühmte Griechen mit Sprüchen über das Leben. Die Inschrift »Erkenne dich selbst« über dem Eingang wurde Thales von Milet (650–570) zugeschrieben. (Bildnachweis: © Patar knight)

In der analytischen Psychologie von **C. G. Jung** taucht der Begriff des Selbst im Zusammenhang mit dem Individuationsprozess auf. Hier ist der Mensch immer wieder gefordert, sich bewusst den neu auftauchenden Problemen zu stellen. Individuation bedeutet, sich nicht nach Normen oder Erwartungen zu richten, sondern ein Gespür für die eigenen Entwicklungstendenzen zu entwickeln und diesen zu folgen. In diesen Tendenzen äußert sich das Selbst als innere Ganzheit. Individuation ist in diesem Sinne Selbstfindung und Selbstverwirklichung.[41]

Heute betrachten wir das Selbst vor allem aus der Perspektive des Erlebens, d. h. als Selbsterleben. Wir betonen damit, dass wir trotz aller Entwicklung und Veränderungen im Lebenslauf ein Gefühl von Kohärenz und Kontinuität für unsere Person haben. Es ist eng mit dem Gefühl verbunden, wer und wie wir sind, d. h. mit einem Gefühl der **Identität**. Dieses Gefühl nährt sich aus dem Erleben der Gegenwart, aus den Erfahrungen der Vergangenheit und aus den Entwürfen für die Zukunft.[42] Es hat seine Quelle im Innern und reflektiert zugleich die Erfahrungen mit den Anderen und die Erwartungen und Vorgaben, die von dort an einen herangetragen werden.

---

41 Jung CG (1933)
42 Erikson HE (1959)

Im **Selbstgefühl** verdichten sich also Konstitution, Lebens- und Beziehungserfahrungen und die Zeitdimensionen des Lebens. Den psychischen Ort, an dem das Selbstgefühl metaphorisch gedacht werden kann, kann man als das Selbst in einem strukturellen Sinne beschreiben.

> **Kasten 2.1: Begriffe der Selbstpsychologie**
>
> - *Selbst*: Die erfahrungsbedingten Vorstellungen über sich selbst. In der traditionellen Psychoanalyse hat diese Vorstellung die Qualität einer Instanz bzw. Struktur und wird dem Ich, dem Überich und dem Es gleichgestellt.
> - *Selbstbewusstsein, Selbstwert* (»*self-confidence*«): Vertrauen, Zuversicht und Gewissheit, einer Aufgabe, einer Herausforderung, der Zukunft oder dem Leben überhaupt gewachsen zu sein und sie unbekümmert zu meistern.
> - *Selbsterkenntnis*: Wissenserwerb über die eigenen psychischen Fähigkeiten, Möglichkeiten und Grenzen
> - *Selbstgefühl*: Empfindung, ein einheitliches, konsistent fühlendes, denkendes und handelndes Wesen zu sein
> - *Selbstkohärenz*: Fähigkeit zur Aufrechterhaltung des Selbstgefühls
> - *Selbstkonzept*: das Wissen über sich selbst. Es beruht vornehmlich auf Erinnerungen. William James unterschied materielle (Körper, Familie, Besitz), soziale (Rollen gegenüber anderen) und spirituelle Anteile (Einstellungen und Haltungen).
> - *Selbstobjekt*: Von Kohut eingeführter Begriff für psychische Funktionen, bei denen der Andere (das Objekt) zur Stabilisierung des Selbstgefühls verwendet wird.
> - *Selbstrepräsentanz, Selbstvorstellung*: Bewusste und unbewusste Vorstellung vom eigenen Selbst. Im Gegensatz zum Selbst als Struktur wird mit diesem Begriffen die Erlebnisdimension betont.
> - *Selbstwertgefühl*: Subjektive Bewertung und Wahrnehmung der eigenen Person

Vorläufer des Selbst bei Freud

In der Psychoanalyse gab es anfangs kein klares Konzept des Selbst. Als Freud sich um 1915 mit dem Narzissmus[43] beschäftigte, beschrieb er das Ich auch als Träger des erfahrungsbedingten Selbstempfindens. In diesem Sinne war das Selbst eine Funktion des Ichs. Danach ist das Selbst eng mit dem Ich verbunden. Dieser Komplex repräsentiert das Subjekt, d. h. die eigene Person, und betont damit die Abgrenzung von den Anderen, den Objekten der Umwelt. Hier klingt der Subjekt-Objekt-Dualismus an, der seit Descartes das europäische Denken beherrscht.

Dieser **Ich-Selbst-Komplex**, wie man ihn nennen könnte, entwickelt sich aus Lusterlebnissen, die zunächst am eigenen Körper erfahren werden. Freud spricht von einem Zustand des primären Narzissmus, der die frühe Erfahrungswelt prägt. In diesem Zustand ist alle Libido, d. h. das Interesse und die psychische Energie, ganz auf das Ich bzw. auf den Ich-Selbst-Komplex gerichtet. Dass die Lust am Anderen, am Objekt, der Brust, der Milch vollzogen wird, spielt dabei noch keine Rolle. In diesem Sinne entsteht im Narzissmus der Kern der Selbstrepräsentanzen. Der Andere kommt darin praktisch noch nicht vor.

Das Selbst in der Ichpsychologie

Das Selbst als Struktur wurde gleichsam als Nebenprodukt der Ichpsychologie von **Heinz Hartmann**[44] in die Psychoanalyse eingeführt. Er legte seinen Arbeiten das Freud'sche Instanzenmodell von 1923 mit der Unterscheidung der drei Instanzen Ich – Es – Überich und die Freud'sche Triebpsychologie zu Grunde.

Bis dahin war die Begrifflichkeit in der Psychoanalyse unklar: Person und Individuum, Subjekt, Selbst und Bewusstsein wurden nicht klar voneinander abgegrenzt.[45] Hartmanns Bestreben bestand darin, die unscharfen Begriffe zu präzisieren. Dabei unterschied er zwischen Funktion

---

43 Freud S (1914)
44 Hartmann H (1939)
45 Ludwig-Körner C (1992), S. 153

Abb. 2.2: Heinz Hartmann (1994–1970) präzisierte noch in seiner Wiener Zeit die Konzepte der Ichpsychologie und beschrieb dabei das Selbst als eigenständige Instanz. Später, nach der Emigration in die USA, wurde er zum Vorreiter der amerikanischen Ichpsychologie.

und Inhalt und gliederte die erfahrungsbedingten Vorstellungen von der eigenen Person aus dem Ich aus, während er die Ichfunktionen weiterhin dem Ich als Instanz zugeordnet beließ. Die Selbstvorstellungen wies er einer übergeordneten Instanz zu, die von ihm als **Selbst** bezeichnet wurde. Sie wurde dem Überich als Instanz, welche Normen und Werte (Ideale) beinhaltet, und dem Es als Instanz der Triebrepräsentanzen übergeordnet.

Das erfahrungsbedingte Selbst entwickelt sich im Wesentlichen durch Identifikationen bzw. durch Verinnerlichung von Erfahrungen. Hartmann konzipierte es als Zentrum der Besetzungen bei der Erklärung des Narzissmus.[46] Zugleich stellte er das Selbst den Objektrepräsentanzen gegenüber. Hier geht es also vor allem um Vorstellungen. Das Ich, das dann im Sinne einer Instanz verblieb, wurde vor allem durch seine Funktionen beschrieben, z. B. durch die Abwehr- und Anpassungsfunktionen. Diese entwickeln sich aus einem konstitutionellen Kern unter dem Einfluss von

---

46 Hartmann H (1950) – Dem gegenüber hatte Freud (1914) den Narzissmus als Rückzug der Libido in das Ich konzipiert

Trieben und Umwelt. Der Andere, das Objekt, bleibt dabei vergleichsweise blass.

Abb. 2.3: In der Tradition von Hartmanns Ichpsychologie steht auch die Auffassung von Edith Jacobson (1897–1978), die ein bedeutendes Buch über das Selbst verfasst hat. Sie war eine der wenigen Psychoanalytikerinnen, die im offenen Widerstand gegen den Nationalsozialismus auftraten. 1935 wurde sie deshalb verhaftet, doch konnte sie 1938 fliehen und schließlich in die USA emigrieren, wo sie zu einer der bedeutendsten Analytikerinnen ihrer Zeit wurde.

Damit steht die Ichpsychologie noch ganz auf dem Boden der Einpersonen-Perspektive. Es wird zwar anerkannt, dass die Entwicklung des Ichs (und des Selbst) eine Förderung durch die Umwelt voraussetzt, diese steht aber nicht im Zentrum des Interesses.

In Anschluss an Hartmann führte **Edith Jacobson** ihrem Buch *The Self and the Object World*[47] die Präzisierung der ichpsychologischen Auffassungen weiter. Sie machte dort den Versuch, Trieb- und Objektbeziehungs-

---

47 Jacobson E (1964)

psychologie zu integrieren. Stärker als Hartmann betonte sie die Eigenständigkeit des Selbst gegenüber dem Ich. Außerdem ging es ihr vor allem um die Abgrenzung zwischen Selbstrepräsentanzen und den Vorstellungen vom Anderen.

Den Ausgangspunkt der Entwicklung bildet nach ihrer Auffassung ein Urselbst. Es besteht aus psychophysiologischen Spannungen, die sich nach innen entladen und ein erstes, wenngleich diffuses Bewusstsein für die eigene Person bilden. Nach und nach entsteht die Fähigkeit, emotionale, triebhafte und physiologische Befriedigungs- und Frustrationserlebnisse mit Objekterfahrungen zu verknüpfen und zwischen Selbst und Objekt zu unterscheiden bzw. **Selbst- und Objektrepräsentanzen** zu bilden.

Auch hier zeigt sich die intrapsychische Perspektive. Sie blieb für die Ichpsychologie auch dort leitend, wo es um die Konzeptualisierung des Selbst ging. Allerdings deutet sich bei Jacobson eine Betrachtung an, die für das spätere Verständnis der Entwicklung wichtig werden wird: die Betonung früher und frühester psychophysiologischer Zustände aus der vorsprachlichen prozeduralen Entwicklung als Basis für die Entstehung des Selbst.

Das Selbst in der Selbstpsychologie

Narzisstische Störungen machen den umfangreichsten Teil der Aufgaben in der psychoanalytischen Praxis aus. Mit dem Konzept einer eigenständigen Entwicklung des Selbst hat Heinz Kohut ganz neue Perspektiven für ihre Behandlung eröffnet. Dabei ging er von Freud und Hartmann und von der Ichpsychologie und deren Weiterentwicklungen aus. Eine weitere Wurzel seines Denkens war die Objektbeziehungstheorie und die Bindungstheorie. In seinen Schriften finden sich oft Anknüpfungen an Autoren wie Balint, Bowlby, Fairbairn, Sullivan, Winnicott u. a., ohne dass diese als Quellen immer dezidiert von ihm nachgewiesen werden.

Anfangs hatte er nicht im Sinn, eine eigenständige Schule der Psychoanalyse zu begründen. Diese entstand erst, als er begann, eine Entwicklung

Abb. 2.4: Heinz Kohut (1913–1981), in Wien geborener und in die USA emigrierter Analytiker, hat mit seiner Selbstpsychologie eine ganz neue Perspektive für das Verständnis der narzisstischen Pathologie geschaffen.

des Selbst und des Narzissmus zu konzipieren, die unabhängig von der Entwicklung der Triebe verläuft. Er konzipierte das Selbst als »Antriebszentrum«[48] der Motivationen und Entwicklung und stellte es damit auf dieselbe Stufe wie die Triebe. Damit ging er eigene Wege, die über die damals gültigen Auffassungen der Psychoanalyse hinausreichten.

Im Laufe der Zeit entstand mit der Verallgemeinerung seiner Thesen die Selbstpsychologie. Sie bildete die Basis für eine neue Sichtweise, die auf mehr oder weniger alle Formen von Pathologie Anwendung fand. Den Angelpunkt für das Verständnis bilden das Versagen von Selbstobjekten in ihrer stabilisierenden Funktion und die Frustration von Selbstobjekt-Bedürfnissen. Damit entstand der Anspruch eines eigenständigen psychoanalytischen Paradigmas, das sich mit dem Anspruch auf Allgemeingültigkeit aber nur in der Selbstpsychologie durchsetzen konnte.

Ausgangspunkt von Kohuts Denken war das Konzept des **primären Narzissmus**, mit dem Freud die Unbehandelbarkeit narzisstischer Patienten begründet hatte.[49] Freud hatte argumentiert, dass narzisstische Patienten keine Übertragungen entwickeln könnten und daher nicht analysierbar seien. Dem setzte Kohut den Versuch entgegen, spezifische narzisstische Übertragungen herauszuarbeiten. Auf diese Weise gelangte er

---
48 Kohut H (1977) dt. 1979, S. 249
49 Freud S (1914)

zu verschiedenen Übertragungsformen, die einen spezifischen Umgang erfordern, um zu einer »Heilung des Selbst«[50] zu gelangen.
Der Kern der narzisstischen Pathologie besteht aus selbstpsychologischer Sicht im Versagen des Anderen in seiner Funktion als **Selbstobjekt**. Der Begriff Selbstobjekt bezeichnet dabei die Funktion des Anderen, durch Empathie und Spiegelung ein Gefühl von Ganzheit zu vermitteln und dadurch ein kohäsives Selbstgefühl zu erzeugen. Hier gewinnt der Andere eine Funktion, die über die eines Triebobjektes hinausgeht. Da die Einfühlung und Spiegelung niemals perfekt sein kann, eröffnen sich mehrere Wege für die nachfolgende Entwicklung:[51]

- Wenn die Enttäuschung sich in verträglichen, altersgemäßen Grenzen hält, kann das Kind die Erfahrungen am Anderen dennoch verinnerlichen. Eine »optimale Frustration« führt also zur *Strukturbildung*. Durch »umwandelnde Verinnerlichung« kann das Kind die stabilisierenden Funktionen auf Dauer selbst übernehmen und den Anderen als Selbstobjekt aus dieser Funktion entlassen.
- Wenn die unvermeidlichen Frustrationen das Kind hingegen überfordern, bildet es eine kompensatorische Struktur, indem es Phantasien entwickelt, selbst allmächtig zu sein. Diese Struktur ist das *Größenselbst*, d. h. die Repräsentanz eines omnipotenten, nur guten, vollkommenen letztlich idealisierten Selbst, mit dem das Kind sich der Wahrnehmung von Frustrationen entzieht. Auf diese Weise entsteht eine Pseudo-Unabhängigkeit, in der narzisstische Beziehungsstörungen ihre Wurzel haben.
- Die Omnipotenzphantasien können aber auch auf den Anderen verschoben werden. Der Andere ist dann Objekt der Idealisierung. Dann bleibt die Bindung an Selbstobjekte erhalten, die den erlebten Mangel ausgleichen. Das Kind kann ein solches Selbstobjekt als allmächtige *idealisierte Elternimago* phantasieren und an seiner Größe und Allmacht gleichsam in der Verschmelzung teilhaben. Als Alternative dazu kann es die Phantasie entwickeln, durch ein *spiegelndes Selbstobjekt* in seiner Größe und Vollkommenheit bestätigt zu werden. Beide Möglichkeiten

---
50 Kohut H (1977)
51 Kohut H (1982)

führen zu einer Abhängigkeit, der die autonomen Strebungen zum Opfer fallen.

Zur befriedigenden Interaktion mit den frühen Beziehungspersonen gehört deren Bereitschaft, sich als Objekt der Idealisierung bzw. zur spiegelnden Anerkennung des Größenselbst des Kindes verwenden zu lassen. Das ist zunächst ein ganz natürlicher Vorgang in der Entwicklung. Er wird später durch die Autonomieentwicklung abgelöst, die durch die Bewältigung optimaler Frustrationen eingeleitet wird. Wenn dieser Schritt misslingt, bleiben Größenselbst bzw. die idealisierte Elternimago erhalten. Es resultiert ein **bipolares Selbst**, das zwischen Größenphantasien und Idealobjekten ausgespannt ist und für die narzisstische Pathologie charakteristisch ist.

Die Bedeutung von Kohuts Ideen im Zusammenhang mit dem Thema »der Andere in der Psychoanalyse« besteht darin, dass sie seine aktive Beteiligung an der psychischen Entwicklung betonen. Der Andere ist als konkrete Person für die Selbstentwicklung unentbehrlich. Ob das Zusammenpassen zwischen dem Individuum und seinen Bezugspersonen, ob die »optimale Frustration« und damit die Rücknahme von Idealisierungen gelingen, bestimmt über das Schicksal der Selbstentwicklung. Damit erweist sich Kohuts Ansatz als einer, der wissenschaftsgeschichtlich zu den hervorragenden Konzepten der Zweipersonen-Perspektive gehört.

Therapeutische Konsequenzen

Kohuts Selbstpsychologie schuf die Grundlage für eine spezifische Praxis der Behandlung narzisstischer Störungen. Man kann nämlich davon ausgehen, dass die Phänomene und Prozesse der Selbstentwicklung sich im analytischen Prozess mit narzisstischen Patienten widerspiegeln.

Durch unzureichende Spiegelungsprozesse in der Analyse werden dabei ganz eigene **narzisstische Übertragungsmanifestationen** hervorgerufen. Sie unterscheiden sich grundlegend von der klassischen neurotischen Übertragung infantiler Objektbeziehungen, die Freud als Voraussetzung für Analysierbarkeit beschrieben hatte, weshalb er ja auch angenommen hatte, dass man narzisstische Patienten nicht analysieren könne.

> **Kasten 2.2: Die narzisstischen Übertragungsmanifestationen in Anlehnung an Kohut (1971, 1974)**
>
> - Die *idealisierte Elternimago* kommt als idealisierende narzisstische Übertragung in die Behandlung. Der Patient stabilisiert seine Selbst-Defizite dabei durch imaginäre Teilhabe an der Größe des Analytikers.
> - Die Phantasie eines spiegelnden *Selbstobjektes* manifestiert sich in einer *Spiegelübertragung*, wobei der Patient sich durch das Erleben stabilisiert, vom Analytiker bestätigt und anerkannt zu werden.
> - Die Struktur des *Größenselbst* zeigt sich hingegen in der Übertragung in drei Formen:
>   - Als *archaische Spiegelübertragung*. Der Analytiker wird dabei als Erweiterung des Größenselbst wahrgenommen, mit dem eine narzisstische Verschmelzung (»wir gegen die Welt«) phantasiert wird.
>   - Als *Größenselbst-Übertragung*. Hier wird die Pseudo-Unabhängigkeit in der Übertragung in Szene gesetzt und die Abhängigkeit vermieden. Der Analytiker und die psychoanalytische Begegnung werden entwertet. Aus traditioneller Sicht wird diese Konstellation als narzisstischer Übertragungswiderstand beschrieben.
>   - Außerdem beschreibt Kohut in seinem letzten Buch[52] eine *Zwillingsübertragung* (Alter-Ego-Übertragung). Der Analytiker fungiert dabei als Abbild des Größenselbst des Patienten. Hier stabilisiert der Patient sich über das Erleben der Ähnlichkeit.

Bescheiden äußert Kohut sich in Hinblick auf die Ziele der analytischen Therapie. Er betont, dass in der Behandlung kein neues Kernselbst hergestellt werden kann. Mit Hilfe von Empathie und Spiegelung, Annehmen und Bestätigen können aber neue Strukturen verinnerlicht werden und der Analytiker auf Dauer aus der Funktion als stabilisierendes Selbstobjekt entlassen werden.

---

52 Kohut H (1984) dt. 1987, S. 149

Mit seiner Selbstpsychologie hat Kohut ein humanistisches Menschenbild in die Psychoanalyse eingeführt, dass sich in bedeutenden Punkten von dem der klassischen Psychoanalyse unterscheidet.[53] Ging Freud vom »schuldigen Menschen« aus, so stellt Kohut den »tragischen Menschen« in das Zentrum seiner Betrachtung, dem die Förderung seiner Entwicklung versagt war. Dabei bleibt der Mensch sein Leben lang auf Anerkennung und Unterstützung angewiesen, um – vor allem in Krisen – die Kohärenz seines *Selbst* zu bewahren. Insofern verwenden wir alle den bedeutsamen Anderen lebenslang auch als Selbstobjekt. Mit dieser Auffassung wendet Kohut sich von der idealistischen und anspruchsvollen Anschauung der klassischen Psychoanalyse ab, wonach mit der Überwindung oder nachträglichen Durcharbeitung des Ödipuskomplexes ein Entwicklungsstand größtmöglicher Autonomie erreicht sein sollte, der zumindest in Zeiten psychischer Gesundheit gewahrt wird.

Es soll abschließend nicht unerwähnt bleiben, dass Kohuts Menschenbild und vor allem sein therapeutisches Konzept der Einfühlung auf vielfältige Kritik gestoßen ist. Seine Konzepte werden als teilweise nicht mehr mit der Psychoanalyse vereinbar betrachtet. Es wird insbesondere die Nähe zur humanistischen Psychologie von Carl Rogers kritisiert. An seiner Behandlungsart wird bemängelt, sie sei einseitig und zu wenig an Konflikten und Widerständen orientiert.

Für mich ist es aber keine Frage, dass Kohut mit seinen Konzepten ein bedeutsames Gegengewicht gegen die ichpsychologische Strenge der Psychoanalyse der 1950er Jahre geschaffen und ihr ein freundlicheres Image gegeben hat. Er hat ihr darüber hinaus Anstöße für die Weiterentwicklungen vermittelt, die in den 1990er Jahren in den Intersubjektivismus mündeten, der im Folgenden dargestellt werden soll.

---

53 Vgl. Ludwig-Körner C (1992), S. 284 ff.

Einschub: Das Doppelgesicht des Selbst bei Jaques Lacan

Ich möchte zuvor aber einen Einschub machen und nur ganz kurz auf die französische Psychoanalyse verweisen, in der der Andere schon viel früher als im analytischen Mainstream eine bedeutende Bezugsgröße des Denkens war. So hat Jaques Lacan sich schon in den 1930er Jahren mit der Entstehung des Selbst befasst und dabei ein **Spiegelstadium** beschrieben.[54] Darin taucht das Doppelgesicht des Selbst im Sinne von Sokrates – nämlich das, was Bewusstsein hat, und das, was zum Bewusstsein kommt – wieder auf. Bei Lacan sind es das Erkennende und das Erkannte. Das geschieht, wenn das Kind sich erstmals im Spiegel selbst entdeckt. Die Faszination darüber wird zum Kern des Selbstgefühls.

Aber das Entdeckte ist ja nur eine Täuschung, ein Spiegelbild. So enthält das Selbst von Anfang an ein Doppelgesicht: Das *JE*, das tatsächlich existiert, das gesehen werden kann und sich in Beziehung setzen kann, und das *MOI*, das nur ein Abbild des Selbst ist, ein imaginäres, das gesehene Selbst. So begegnet man mit der Entdeckung des Selbst – so Lacan – auch seiner Nichtexistenz. Die Begegnung mit dem Selbst enthält daher auch immer die Selbst-Entfremdung.

Diese Konzeption erinnert an existenzialphilosophische Ideen. In der Lehre Lacans begründet sie das sogenannte Register des Imaginären, eine selbsterschaffene illusionäre Welt. In ihr wurzelt das Selbstbewusstsein mit all seiner Widersprüchlichkeit. Lacan bringt sie auf den Punkt, wenn er den Aphorismus des französischen Dichters Rimbaud zitiert: Ich bin ein Anderer.

An dieser Stelle kann ich weder die bemerkenswerten Schriften von Lacan zur Entstehung des Selbst angemessen würdigen[55], noch kann ich

---

54 Lacan J (1936, 1949) Das Spiegelstadium als Bildner der Ich-Funktion, wie sie uns in der psychoanalytischen Erfahrung erscheint. Deutsch in: Schriften I, Quadriga, Weinheim/Berlin 1986. – Das Konzept des Spiegelstadiums wurde erstmals beim Marienbader Kongress der IPV 1936 und dann in überarbeiteter Fassung beim Züricher Kongress 1949 vorgetragen.

55 Vgl. auch meine ausführlichere Darstellung in Ermann M (2009).

Abb. 2.5: Im Werk des französischen Psychoanalytikers, Philosophen und Linguisten Jaques Lacan (1901–1981) steht das Doppelgesicht des Selbst als das *Je* und das *Moi* im Zentrum.

auf den französischen Intersubjektivismus eingehen, wie er von Autoren wie Jean Laplanche oder André Green vertreten wird.

Von der Selbstpsychologie zum Intersubjektivismus

Kohut hatte das Selbst vor dem Hintergrund des Freud'schen Instanzenmodells noch als Struktur konzipiert. Der Begriff **Struktur** bezeichnet dabei das ganzheitliche Gefüge und betont die Tatsache des Überdauerns des Selbstgefühls und der Selbstrepräsentanzen. In diesem Sinne hat das Selbst etwas Statisches. Es wird aus Beziehungserfahrungen geformt und schlägt sich in den sozialen Beziehungen nieder.

Kohuts Nachfolgern, welche die Entwicklung der Selbstpsychologie weiter vorantrieben, war das Konzept einer Selbststruktur zu unbefriedigend. Sie kritisierten, dass Kohut Beziehungen letztlich als Einbahnstraße betrachtet hatte, in der nur der Andere Einfluss auf die Strukturbildung des Subjekts nimmt. Diese Sichtweise berücksichtigt aus der Sicht der späten Selbstpsychologie zu wenig die Interdependenz. Sie vertrat dagegen die Auffassung, dass sich faktisch immer alle Beteiligten in einer Begegnung verändern. Die Erfahrungen, die man miteinander macht, hinterlassen Spuren in allen »Selbsten«. In einer Begegnung und nach einer Begegnung bin ich anders als zuvor. Daher ist das Selbst ein interdependenter Prozess. Wie ich mich fühle, hängt von den Kontexten (d.h. von der interaktionellen Konstellation) ab, in denen eine Beziehung sich ereignet. Diese Kontexte wirken zurück und prägen das Selbstgefühl.

Mit diesem Ansatz greifen die Nachfolger Kohuts auf den symbolischen Interaktionismus von James, Cooley und Mead zurück und führen ihn weiter.[56]

Wurzeln des Intersubjektivismus

Frühe Vorläufer, symbolischer Interaktionismus

Der Gedanke, dass das Selbst nur im Spiegel der Anderen erlebt und gefunden werden kann, hat in der Philosophie eine lange Tradition. Im frühen 19. Jahrhundert findet sich bei **Georg Wilhelm Hegel** (1770–1831) in der *Phänomenologie des Geistes* von 1806/07 der bemerkenswerte Satz: »Das Selbstbewusstsein ist an und für sich, indem und dadurch, dass es für ein anderes an und für sich ist. D.h. es ist nur als ein Anerkanntes.« Hegel gelangte zu der Feststellung, dass Selbstbewusstsein nur dadurch gewonnen werden kann, dass man sich im Anderen spiegelt und von diesem anerkannt wird.

---

56 Vgl. Details bei Ludwig Körner C (1992), Kap. 1.2, auf die ich mich im Folgenden beziehe.

Diese Idee taucht in der frühen Selbstpsychologie des Amerikaners **William James** wieder auf.[57] In der Notwendigkeit der Bestätigung begründet sich nach James die Suche nach sozialer Anerkennung, die für das Leben grundlegend ist.

Diese Anschauung setzt sich bei **Charles Cooley** und **Georges H. Mead** fort, beide ebenfalls in den USA lebend, die auf James Bezug nahmen. Sie gingen davon aus, dass in der Bezogenheit ein Wechselspiel zwischen zwei Subjektivitäten zum Tragen kommt, indem die Subjektivität des einen Einfluss auf die des anderen nimmt, wobei beide sich verändern. Wie ich mich fühle und sehe, ist das Ergebnis eines intersubjektiven Prozesses, wobei ich den Anderen brauche, um mich selbst zu erfassen. Das Selbst ist danach das Ergebnis eines wechselseitigen, sprich: intersubjektiven Prozesses. Jeder der Beteiligten geht anders aus der Begegnung hervor, als er hineingegangen ist.

Charles Cooley betonte den sozialen Ursprung des Selbst. Für die Erfahrung des Selbst braucht man ein Gegenüber. Die Folge ist, dass man sein Selbstgefühl nur im komplexen Gefüge eines Sozialkörpers erwerben kann, d.h. in Beziehungen zu Anderen. Im Spiegel des Anderen erfahren wir unser »Spiegel-Selbst«. Allerdings zeigt der Spiegel das, was wir glauben, wie Andere uns sehen.

Letztlich setzt sich das Selbstgefühl aus drei Schritten zusammen: Der Vorstellung der eigenen Wirkung auf andere folgt die Vorstellung, wie andere diese Wirkung beurteilen. Daraus resultierend entsteht das Selbstgefühl.

Diese Folge ist durch eigenes Handeln zu beeinflussen, so dass Interaktionsschleifen entstehen, die einerseits das Selbst formen, andererseits aber auch die Art und Weise, wie andere einen sehen (die Gesellschaft bei Cooley). Cooley ist der erste, der eindeutig feststellt: »Society is mental«[58] – d.h., auch die Gesellschaft wird durch das Mentale geformt.

Auch **George H. Mead** befasste sich mit der sozialen Entstehung des Selbst. Für ihn waren es die Einstellungen und Haltungen anderer dem Individuum gegenüber, die zum Angelpunkt für Identifikationen werden, aus denen das Selbstgefühl aufgebaut wird. Der wirklich neue Aspekt ist

---

57 James W (1890)
58 Cooley CH (1902), zit. nach Ludwig-Körner, C (1992)

2. Vorlesung Die intersubjektive Wende

Abb. 2.6: Die Amerikaner William James (1842–1910) (oben links), Charles Cooley (1864–1929) (oben rechts) und Georges H. Mead (1863–1931) entwarfen die ersten Konzepte eines Selbst auf der Basis der Sozialwissenschaften.

dabei, dass der Mensch (das Subjekt) sich mit den Augen anderer zu sehen lernt und die Haltungen übernimmt, welche diese einem gegenüber einnehmen. Er muss also gewissermaßen erst ein Anderer sein, um er selbst zu werden. Die Haltungen vermitteln sich in der Interaktion durch Gesten,

Symbole und Rollenzuschreibungen. Daher bezeichnet man diesen Ansatz auch als **symbolischen Interaktionismus**

Das Selbst beruht auf den Haltungen anderer, die nun zur Grundlage dafür werden, wie man seinerseits auf andere reagieren kann. Mead sprach vom »*Me*« (das Mich, das soziale Selbst, das Selbst in der Außenperspektive), in dem sich die Haltungen der Umwelt dem Subjekt gegenüber ausdrücken: »Ich fühle *mich* als Erneuerer, denn ich werde als solcher gesehen.« Auf diese Haltungen reagiert man mit dem »*I*« (dem erkennenden, dem erlebenden Ich, dem »ich an sich«). Man *ist* dann der Erneuerer, den die anderen in einem sehen.

Das Selbst formt sich also an der Gesellschaft, der es angehört, indem die individuellen Haltungen und die Haltungen der anderen aufeinander abgestimmt werden. Eine scharfe Trennung zwischen dem Selbst und den anderen ist daher nicht möglich. Mead schrieb: »Der Einzelne besitzt nur in der Beziehung zum Ich der anderen Mitglieder seiner sozialen Gruppe ein Ich. Die Struktur seines Ich ist Ausdruck oder Reflex des allgemeinen Verhaltensmusters der sozialen Gruppe, der er angehört. Genauso ist es mit der Struktur des Ich aller anderen Individuen, die dieser sozialen Gruppe angehören«[59]. Das ist eine Idee, der wir im Intersubjektivismus wiederbegegnen werden.

Wie sah Mead nun aber die Beziehung zwischen Ich und Selbst? Er stellte fest, dass man sein erlebendes Ich nicht direkt erfahren kann. Man kann es nur indirekt erkennen, indem man über sein »*Me*« nachdenkt. Der Mensch erfährt sich selbst immer aus einer Außenposition. Das Selbst ist also immer betrachtetes Objekt und betrachtendes Subjekt. Diesen Gedanken haben wir bereits in der Einleitung kennengelernt und gesehen, dass er bis in die Antike zurückreicht. Das ist auch gemeint, wenn von einem **reflexiven Selbst** gesprochen wird, einem Selbst, dass sich erst in der Betrachtung enthüllt.

---

59 Mead GH (1934)

Vorläufer in der deutschsprachigen Philosophie

Werner Bohleber hat mehrfach auf die geistesgeschichtlichen Vorläufer bzw. Bezugspunkte des intersubjektiven Denkens in der deutschsprachigen Philosophie hingewiesen und hervorgehoben, dass der Ansatz so neu gar nicht ist.[60] Er zeigte, dass nicht nur ein Bezug zur Phänomenologie von **Edmund Husserl** (1859–1938) und zur Hermeneutik von **Georg Gadamer** (1900–2002) besteht, auf welche die amerikanischen Intersubjektivisten selbst rekurrieren; beide nahmen eine intersubjektive Konstituierung der Persönlichkeit an. Er sah darüber hinaus einen Bezug zur Begegnungsphänomenologie von **Martin Buber** (1878–1965), der annahm, dass das Ich und das Du sich in der Begegnung an einander entwickeln.

Besondere Würdigung findet bei Bohleber die daseinsanalytische Anthropologie des Schweizers **Ludwig Binswanger** (1881–1961), der sich an der Phänomenologie von Husserl und der Fundamentalontologie[61] von Martin Heidegger (1889–1976) orientiert hatte. Er sprach von einem konstitutiven Primat der Dualität, um die Bedeutung der Beziehung zwischen dem Ich und dem Du – das »Zwischen« – hervorzuheben. Diese Auffassung wurde von **Felix Schottländer** (1892–1958) weitergeführt. Er ging von einer Kritik des Freud'schen Abstinenzkonzeptes aus und forderte, dass die Begegnung über die Übertragungsdynamik hinausreichen müsse, um das existentielle Problem eines Patienten zu erfassen, wenn eine analytische Behandlung gelingen soll.

Der intersubjektive Ansatz der Daseinsanalyse wurde in der Schweiz von Menrad Boss und Gion Condrau für die Psychotherapie fruchtbar gemacht, während Binswangers Arbeitsschwerpunkt die Psychiatrie blieb. Auch aktuell wird diese Richtung von Autoren wie Alice Holzey-Kunze weitergeführt, wobei wie überall in der Psychoanalyse auch in der Daseinsanalyse der Trend in Richtung eines psychoanalytischen multikonzeptionellen Mainstreams unverkennbar ist.

---

60 Bohleber W (2004, 2006)
61 Heidegger betonte in seinem epochalen Werk Sein und Zeit (1927) die grundlegende Bedeutung der Zeit für das Seinsverständnis.

Vorläufer in der amerikanischen Psychoanalyse

Auch in der Psychoanalyse hat das intersubjektive Paradigma Vorläufer. Spuren reichen zurück bis zu Sándor Ferenczi, der als einer der Ersten die Bedeutung des realen Anderen für den therapeutischen Prozess betonte (s. oben). Vor allem Steven Mitchell, der Begründer der relationalen Psychoanalyse, beruft sich außerdem ausführlich auf Hans Loewald (▶ 1. Vorlesung, ▶ Abb. 1.1), der von Martin Heideggers Ontologie geprägt war und eine kritische Haltung gegenüber Freuds Positivismus einnahm.

Offensichtlicher ist die britische Schule der Objektbeziehungstheorie, speziell in der von **Donald W. Winnicott** vertretenen Ausformung, als Vorläufer zu betrachten (▶ 1. Vorlesung). Sein Konzept der Objektverwendung nahm auf die Beobachtung Bezug, dass das heranwachsende Kind für die Ausformung eines kohärenten Selbstgefühls auf eine fördernde Umwelt angewiesen ist. Diese besteht vor allem darin, dass die Bezugspersonen sich als Objekt verwenden lassen, an dem das Kind seine Emotionalität erfahren und diese integrieren kann.

Ein weiterer Vorläufer ist die interpersonale Psychoanalyse, die ab 1940 am William-Alonson-White-Institut in New York entstand. Dort hatten sich damals Analytiker wie Erik Fromm, Frieda Fromm-Reichmann, Karen Horney und Clara Thomson zusammengefunden, um der Einseitigkeit von Freuds Triebtheorie und seiner Betrachtung des Ödipuskomplexes als Angelpunkt der Entwicklung und des Neuroseverständnisses neue Ideen entgegenzusetzen. Sie betonten stärker als die damalige ichpsychologisch geprägte Psychoanalyse die Bedeutung und Funktion des sozialen Umfeldes, der Gesellschaft und Kultur.

Portagonist dieser Entwicklung war **Harry Stuck Sullivan,** der sich als Begründer einer psychodynamischen Tradition der Psychosenbehandlung in den USA einen Namen gemacht hatte.[62] Er vertrat die Auffassung, dass Psychopathologie sich am ehesten aus sozialen Interaktionen im interpersonellen Feld ergründen lässt und weniger aus der Fehlverarbeitung von Triebkonflikten. In diesen Interaktionen und komplexen wiederkehrenden Beziehungssituationen entwickeln sich überdauernde Verhaltensmuster. Die Persönlichkeit wurde von ihm als ein selbstschützendes Sys-

---

62 Conci M (2000)

Abb. 2.7: Harry Stuck Sullivan (1892–1949) erklärte die Entstehung von Neurosen aus der Verfestigung kindlicher Interaktionsformen, die auch die Beziehungen der Gegenwart beherrschen. In der Konsequenz setzten seine Behandlungen bei der Exploration aktueller Interaktionsmuster an. (Bildnachweis: © The Washington School of Psychiatry, Washington DC)

tem betrachtet, das darauf angelegt ist, Ängste aus misslungenen Interaktionen der Kindheit zu bändigen.[63]

Dementsprechend lenkte er in der Behandlung die Aufmerksamkeit auf die aktuellen und die früheren Interaktionen und Verhaltensmuster seiner Patienten. Um sie dem Bewusstsein zugänglich zu machen, benutzte er gezielte Explorationen von Daten und Beziehungsmustern. Das Ziel war bei Sullivan noch, zu einer möglichst objektiven Rekonstruktion der lebensgeschichtlichen Erfahrungen zu gelangen und die Angst vor neuen Erfahrungen abzubauen. Dabei ging es ihm mehr um Fakten als um Phantasien, Gefühle und unbewusste Bedeutungen.

Eine wichtige Rolle spielten bei Sullivan außerdem maladaptive Interaktionszirkel, in die er als Analytiker von seinen Patienten hineingezogen wurde. Indem er über die damals sehr strikt gehandhabte Abstinenz hinausging, war es sein Bestreben, diese durch ganz neue, erwachsene Inter-

---

63 Sullivan HS (1953)

aktionsformen im Hier und Jetzt der analytischen Beziehung zu ersetzen. Dazu brachte er sich als teilnehmender Beobachter auch sehr persönlich in die Interaktionen mit ein.

Die interpersonale Schule hat über Jahrzehnte ein relativ bescheidenes Dasein gefristet und über das Institut in New York hinaus wenige Anhänger gefunden. Das änderte sich erst in den 1980er Jahren, als Steven Mitchell und Jay Greenberg mit ihrem Buch *Object Relations in Psychoanalytic Theory*[64] den Versuch unternahmen, den interpersonalen Ansatz mit der Objektbeziehungstheorie in Verbindung zu bringen und damit eine bedeutsame Grundlage für den intersubjektiven Ansatz und speziell für die relationale Schule legten.

Parallelen im deutschsprachigen Bereich

Ein Blick auf die Situation in Deutschland zeigt, dass die Psychoanalyse hier bis in die 1970er Jahre hinein – nach dem mühsamen Wiederaufbau in Anschluss an die Zeit des Nationalsozialismus und des II. Weltkrieges – durch eine spürbare Abkopplung von internationalen Strömungen geprägt war. Zusätzlich war sie durch schwierige Gruppenbildungen (Adler/Freud/Jung/Schultz-Hencke) belastet.[65] Mit Ausnahme von wenigen Autoren wie Michael Balint wurden neuere Strömungen wenig rezipiert. Die Kenntnis blieb auf persönliche Erfahrungen anlässlich von Auslandsaufenthalten und Lehranalysen begrenzt. Winnicott wurde erst um 1970 übersetzt und zunächst vor allem in der Kinderanalyse populär. Der Ansatz von Melanie Klein und ihrer Schüler fand bis in die 1990er Jahre hinein wenig Beachtung. Selbst das interpersonale Denken Sullivans, das der Neopsychoanalyse nahesteht, wurde so gut wie gar nicht zitiert. Erst das Erscheinen von Kohuts Narzissmus-Buch auf Deutsch löste 1973 bei vielen einen wahren Erdrutsch und eine klinische Umorientierung aus.

In dieser Situation nahm **Helmut Thomä** mit seinem Konzept des aktiven Psychoanalytikers um 1980 vieles von dem vorweg, was damals in

---

64 Mitchell SA, Greenberg JR (1983)
65 Vgl. meine Darstellung des Entwicklungshintergrundes 1940–1975 in Ermann M (2009).

Abb. 2.8: Helmut Thomä (1921–2013) hat als einer der ersten im deutschsprachigen Bereich Ideen zu einer intersubjektiven Behandlungspraxis publiziert. Zusammen mit seinem Mitarbeiter Horst Kächele gründete er die Ulmer Schule der Psychoanalyse, die eine empirische Fundierung psychoanalytischer Konzepte anstrebt.

den USA als Intersubjektvismus konzeptualisiert wurde. In seinem Buch *Vom spiegelnden zum aktiven Psychoanalytiker*[66] stellte er den Einfluss des Analytikers auf die Ausformung der Übertragung dar und plädierte für eine »Kunst der Natürlichkeit« im Umgang mit den Patienten. Interpretative Technik, vorherrschende Atmosphäre in der analytischen Situation und Ausgestaltung der Übertragung als ein Phänomen im Hier und Jetzt stehen danach in einer unmittelbaren Wechselseitigkeit. Es geht Thomä vor allem darum, die aktuellen Wahrnehmungen des Patienten anzuerkennen und sie nicht durch »genetische Reduktion« zu überspringen und auf Verzerrungen zurückzuführen. Das Ziel sind neue Erfahrungen, die zu den Übertragungserwartungen kontrastieren.

---

66 Thomä H (1981)

Des Weiteren habe ich in einer früheren Darstellung[67] einige Autoren zusammengestellt, die im deutschsprachigen Bereich – weitgehend unabhängig von der Entwicklung in den USA, aber etwa zeitparallel dazu – intersubjektive Perspektiven entwickelt haben. An dieser Stelle möge die folgende kurze Übersicht als ausreichen.

> **Kasten 2.3: Intersubjektive Ansätze in Deutschland**
>
> - 1970 Alfred Lorenzer: Sprachzerstörung und Rekonstruktion
> - 1970 Hermann Argelander: Szenisches Verstehen
> - 1980 Thea Bauriedl: Beziehungsanalyse
> - 1983 Rolf Klüwer: Handlungsdialog
> - 1984 Michael Ermann: Interaktion des Widerstands
> - 1990 Jürgen Körner: Arbeit *in* der Übertragung

Die intersubjektive Wende

Seit den 1980er und 90er Jahren hat sich in der Psychoanalyse eine grundsätzliche Erweiterung des Denkens verbreitet. Diese betrachtet den menschlichen Geist und die Psyche als ein interaktionelles dyadisches Phänomen und rückt damit von der traditionellen monadischen Auffassung und die Begrenzung auf intrapsychische Betrachtungsweisen ab. Unter dem Einfluss der zuvor erwähnten Vorläufer und postmoderner philosophischer Strömungen wurde nun die Beziehung zwischen Patienten und Analytikern als reale Personen sowie die aktive Beteiligung des Analytikers an den Prozessen in der Behandlung viel stärker hervorgehoben als in früherer Zeit.

Diese Veränderungen werden als **intersubjektive Wende** bezeichnet. Sie stehen in einem Zusammenhang mit grundsätzlichen Veränderungen des zeitgemäßen Daseins und des Selbstverständnisses in unserer Zeit. In der Einführung zu dem Buch *Die vernetzte Seele*, mit dem die Herausgeber die amerikanischen intersubjektiven Richtungen im deutschsprachigen

---

67 Vgl. Ermann M (2010), 3. Vorlesung

Bereich bekannt gemacht haben[68], weisen Altmeyer und Thomä darauf hin, dass das Hauptproblem der Menschen heute die Identität ist und nicht mehr die Sexualität. Das macht es verständlich, dass auch das psychoanalytische Denken sich heute mehr an Beziehungen, Gegenseitigkeit und Dialog orientiert als am Intrapsychischen, am Trieb und an der therapeutischen Abstinenz. Ähnlich äußerte sich kürzlich auch Werner Bohleber[69], als er in einem Vortrag bei den Lindauer Psychotherapiewochen über den Wandel in der Psychoanalyse sprach. Er bezog sich auf neuere sozialwissenschaftliche Untersuchungen und betonte die zunehmende Vereinzelung, Verlust an Sicherheit und Wurzellosigkeit als Preis für die Freiheit unserer Tage. Das Ziel einer Befreiung von bürgerlichen Hemmungen sei obsolet geworden. Darauf und auf die zeitgemäß veränderte Stellung des Individuums reagiert die Psychoanalyse mit einer Veränderung ihrer theoretischen Orientierung und klinischen Praxis.

Dem stellt sich der intersubjektive Ansatz mit der Frage nach den Angelpunkten unserer gegenwärtigen Identität. Er rückt die soziale Genese des Selbst und die Bezogenheit als Medium der Behandlung in das Zentrum der Betrachtung. Er betont, dass die Beteiligten sich in ihrem Denken, Fühlen und Handeln bewusst und unbewusst gegenseitig beeinflussen. Das Selbst als Erleben der eigenen Person entsteht da, wo zwei erlebende und handelnde Wesen sich begegnen. In der gegenseitigen Einflussnahme formt und verändert sich das Selbst aller an der Beziehung Beteiligten. Damit tritt die Idee eines Selbst als ein überdauerndes Bündel von Fähigkeiten ganz in den Hintergrund und der Aspekt der Strukturierung in der Beziehung, ein dynamischer Aspekt, rückt in den Vordergrund. Man kann auch von einem **funktionalen Selbst** sprechen.

Dieser Ansatz verkehrt das Verhältnis zwischen individueller Psyche und Beziehung, wie es dem herkömmlichen abendländischen Denken entspricht, in das Gegenteil, er dreht es um. Traditionell dachte man, Beziehung entsteht aus der Begegnung zwischen zwei Individuen. Dem setzt der Intersubjektivismus entgegen: Die Bezogenheit ist das Ursprüngliche, während das Individuelle erst in der Beziehung entsteht und ausgeformt

---

68 Altmeyer M, Thomä H (2006), S. 25
69 Bohleber W (2013)

wird. Was ich und der Andere als Wirklichkeit aushandeln, bestimmt unser Selbsterleben.

Grundlage der intersubjektiven Sicht ist Kohuts Selbstpsychologie. Zwar sind die Begründer und Hauptvertreter durchaus nicht alle Schüler Kohuts, doch sie beziehen sich im Wesentlichen auf seine Konzepte und Begrifflichkeit. So erscheint ihnen die Psychopathologie vornehmlich als Folge schwerwiegender Mängel in der Funktion der Selbstobjekte. Auch die therapeutische Haltung gründet vor allem auf Einfühlung und Anerkennung, wobei das Ziel besteht, die Selbstregulation zu stärken, indem selbstschützende und selbststützende Funktionen per Identifikation vom Analytiker übernommen werden und dieser schließlich aus seiner Selbstobjekt-Funktion entlassen wird.

Der intersubjektive Ansatz übernimmt aus dem symbolischen Interaktionismus die Idee eines **reflexiven Selbst**. Dieses stellt einen lebenslangen Prozess dar. Danach wird der Mensch nicht nur im Kontext von Beziehungen gezeugt, ausgetragen und geboren, was auf seine primäre existentielle Bezogenheit verweist. Er lebt auch von Geburt an in Beziehungen und ist sein Leben lang auf andere angewiesen, um Kohärenz seines Selbst herzustellen und seine psychische Organisation aufrechtzuerhalten. Die Idee eines autonomen Selbst ist nachintersubjektiver Auffassung daher eine Illusion.

Richtungen des Intersubjektivismus

Das Verbindende der verschiedenen intersubjektiven Ansätze lässt sich mit zwei Begriffen hinreichend beschreiben:

- mit der *sozialen Konstitution* des Selbst
- und mit der *Wechselseitigkeit* der Bezogenheit im psychoanalytischen Prozess.

Das bedeutet aber nicht, dass es sich beim intersubjektiven Ansatz um eine einheitliche Sichtweise handelt. Stattdessen besteht eine Vielfalt von Varianten und Auffassungen, die durch die unterschiedlichen Konzepte begründet ist, von denen die einzelnen Autoren ausgingen. Sie wird durch

Namen wie Aron, Benjamin, Gill, Hofmann, Lachmann und Beebe, Mitchell, Ogden, Renik, Stern sowie die Gruppe um Stolorow, Atwood und Branchaft repräsentiert.

Intersubjektive Systemtheorie

Die grundlegenden Gedanken stammen von dem amerikanischen Psychoanalytiker **Robert Stolorow**, der auch den Begriff »Intersubjektivismus« in die Psychoanalyse einführte. Er verstand darunter eine System- bzw. Feldtheorie, womit er das Kräftespiel zwischen den beteiligten Subjekten in das Zentrum der Beobachtung rückte.[70] Zusammen mit seinen Mitarbeitern George Atwood, Bernard Branchaft und Donna Orange hat er zwei Grundannahmen entwickelt, die ihren intersubjektiven Ansatz geprägt haben[71]:

- *Das funktionale Selbst als dynamisches Erleben:* Das Selbst wird aus der intersubjektiven Sicht nicht mehr als Struktur, also nicht mehr statisch gesehen, sondern als ein dynamischer Prozess, der sich in beständiger Entwicklung befindet. Wie ich mich gegenwärtig erlebe, wie ich glaube zu sein, hängt vor allem von meinem sozialen Umfeld ab, das sich beständig verändert, und von der zwischenmenschlichen Situation, in der ich mich gerade befinde. Beide bilden den Kontext, aus dem heraus das Selbsterleben verstanden wird.
- *Das erlebte Selbst als Ko-Konstruktion:* Die Bezogenheit, in der wir leben, ist die Basis des mentalen Lebens, so wie der Leib die des Körpererlebens ist. Sie findet ihren Niederschlag in der psychischen Organisation, nämlich im Selbst. Die unbewusste gegenseitige Einflussnahme wirkt als organisierendes Prinzip des Selbsterlebens.

Wie schon früher erwähnt, geht die Stolorow-Gruppe von Kohuts Konzept der empathischen Bezogenheit aus, vertritt aber stärker als dieser ein dynamisches Selbst-Konzept. Das Selbst als dynamische psychische Organi-

---

70 Stolorow R, Atwood G (1992)
71 Storolow RD, Bandchaft B, Atwood GE (1987)

Abb. 2.9: Robert Stolorow (geb. 1942) trug mit seiner Gruppe in den 1980er Jahren zwei bedeutende Auffassungen zur Weiterentwicklung der Selbstpsychologie bei, die als Essentials des intersubjektiven Ansatzes gelten können: das Prinzip des funktionalen Selbst als dynamisches Erleben und das Prinzip des Selbst als Ko-Konstruktion. (Bildnachweis: Courtesy of Robert Stolorow)

sation ist demnach nicht mitgebracht oder vorgegeben, sondern sie ist eine Neuschöpfung in der Begegnung im Hier und Jetzt und damit in ständiger Bewegung. Im Zentrum der Betrachtung steht hier das Selbsterleben und nicht das Selbst als Struktur. Selbstverständlich spielen die unbewussten Vorerfahrungen der beiden Beteiligten mit der interpersonellen Erschaffung des Selbst eine bedeutende Rolle.

Damit richtet der intersubjektive Ansatz das Augenmerk auf die gegenseitige Wechselwirkung und Einflussnahme von subjektiven Welten, auf das **intersubjektive Feld**. Intrapsychische Mechanismen und Strukturen rücken dabei an den Rand des Interesses.

Entwicklungspsychologischer Intersubjektivismus

Als einer der ersten hat der Entwicklungspsychologe **Daniel Stern** (▶ Abb. 3.2) in seinem grundlegenden Buch *Die Lebenserfahrung des Säuglings*[72] eine intersubjektive Theorie der Selbstentwicklung vorgelegt, die durch Befunde der Säuglingsforschung empirisch fundiert ist. Darin unterscheidet er mehrere Stufen (er spricht von Domänen) des Selbstempfindens, die mit Stufen der Bezogenheit (Stern: Verbundenheit, *relatedness*) korrespondieren. Sie entwickeln sich nacheinander, bauen auf der jeweils vorangehenden auf und bleiben lebenslang nebeneinander bestehen. Allerdings treten die jeweils vorangehenden in den Hintergrund der subjektiven Aufmerksamkeit.

Wirklich neu daran ist, wie sich das Selbsterleben auf allen Stufen der Entwicklung am Anderen konstituiert. Beispielhaft für die wechselseitige Beziehungsregulation sind die Primärbeziehungen zu den ersten bedeutsamen Pflegepersonen: Erwartungen, Hoffnungen, Enttäuschungen und der gesamte komplexe psychosoziale Kontext bestimmen darüber, mit welcher Gestimmtheit ein Mensch vom seinen »ersten Anderen« empfangen und gesehen und in dieser Welt aufgenommen wird. Sie vermitteln sich prozedural, d. h. über Mimik, Gestik, Reaktionsbereitschaft und vieles andere. Das schafft ein Basisbefinden, mit dem er wiederum dem Anderen begegnet und auf ihn einwirkt. So entstehen **Interaktionsschleifen**, die sich zu Beziehungskonstellationen verdichten, an denen jeder der Akteure beteiligt ist. Diese Prozesse sind gemeint, wenn der Intersubjektivismus von Ko-Konstruktion spricht.

Dieser schöpferische Austausch organisiert das Erleben im Kontakt mit anderen. Er erschafft aus intersubjektiver Sicht das Selbst. Ähnliches ereignet sich lebenslang in Beziehungen – auch in der Begegnung in der Psychoanalyse. So erleben sich Mutter und Kind erst als solche in der Matrix einer versorgenden Bezogenheit, ebenso wie Analysand und Analytiker, die erst im Kontext der Analyse zu diesem Selbstverständnis finden. Auch die psychoanalytische Situation und, im Längsschnitt betrachtet, der psychoanalytische Prozess sind mithin **Ko-Konstruktionen**, die zwischen

---

[72] Stern D (1985)

den Beteiligten ausgehandelt werden. Darauf wird später eingegangen werden.

Relationale Psychoanalyse

Während die Stolorow-Gruppe und Daniel Stern sich in der Tradition der etablierten Psychoanalyse bewegten und ihre Konzepte als Weiterentwicklungen betrachteten, entwickelte sich Ende der 1980er Jahre am New Yorker William-Alonson-White Institute mit der relationalen Psychoanalyse eine neue psychoanalytische Schule. Ihr Protagonist war **Steven A. Mitchell**, ein weiteres prominentes Mitglied ist Jessica Benjamin. In dieser Schule fanden sich Intersubjektivisten verschiedener Grundorientierung zusammen, denen es darum ging, unter dem Begriff »relational« Aspekte der inneren und der sozialen Beziehungen mit einander zu verbinden.

Abb. 2.10: Steven A. Mitchell (1946–2000) entwickelte die interpersonale Psychoanalyse von Sullivan sowie die britische Objektbeziehungstheorie in den 1980er Jahren weiter. Seine relationale Psychoanalyse vertrat den Anspruch, als neue Schule die Psychoanalyse grundsätzlich zu erneuern.

Kasten 2.4: Stufen des Selbstempfindens nach Daniel Stern

- *Auftauchendes Selbst und Bezogenheit (ab Geburt)*
  Bereits kurz nach der Geburt lassen sich Anzeichen für ein auftauchendes Selbst daran ablesen, dass der Säugling von sich aus in Kontakt zu seinen Pflegepersonen tritt und dabei zu erkennen gibt, dass er bereits zwischen Selbst und Nicht-Selbst unterscheidet.
- *Kernselbst und Selbst mit dem Anderen (ab dem 3. Lebensmonat)*
  Ab drei Monaten zeigt sich ein Kern-Selbst, das bereits Erwartungen erkennen lässt und Vertrautheit gegenüber gewohnten Personen zeigt. Es gibt auf dieser Stufe schon persönliche assoziative Verknüpfungen zwischen Gefühlen und Erlebnissen, die Geschehnissen eine persönliche Bedeutung verleihen.
- *Subjektives Selbst und intersubjektive Bezogenheit (ab dem 7. Lebensmonat)*
  Im zweiten Lebenshalbjahr entwickelt sich das subjektive Selbst. Jetzt wird deutlicher zwischen Selbst und Nicht-Selbst unterschieden. Es entsteht eine intensive Abstimmung der Bedürfnisse, Gefühlsreaktionen, der Wahrnehmung und Aufmerksamkeit zwischen dem Säugling und der Mutter.
- *Verbales Selbst und verbale Bezogenheit (ab dem 15. Lebensmonat)*
  Mit der Sprachentwicklung entwickelt sich das verbale Selbst. Es ist durch die Entwicklung von Begriffen für Eigenes und Fremdes gekennzeichnet, die das Denken und die Erinnerungsprozesse verändern. Das Erleben wird jetzt sprachlich symbolisiert. Damit entsteht die Fähigkeit, sich über Menschen und Beziehungen eine Vorstellung zu machen, über sich und die anderen nachzudenken und Erkenntnisse zu gewinnen und darüber begriffliche Erinnerungen zu bilden.
- *Narratives Selbsterleben (ab dem 3. Lebensjahr)*
  Es stellt eine Weiterentwicklung und Differenzierung des verbalen Selbst dar, wobei das Selbstgefühl sich verstärkt aus dem Erzählen ableitet. Es ist bedeutsam, dass Narrative stets intersubjektiv geprägt sind, d. h., sie werden zwischen beiden Beteiligten ausgehandelt und sind insofern eine Ko-Konstruktion.

Für Mitchell bestand der Ausgangspunkt in der Verknüpfung von drei Polen, die zusammen eine **relationale Matrix** bilden: Dem Selbst-Pol, dem Objekt-Pol und dem Beziehungs-Pol. Sie bilden das gemeinsame Feld, das zwischen dem Selbst und dem Anderen ausgebreitet ist. In dieser Verknüpfung sieht er eine Alternative zur Einpersonen-Perspektive der klassischen Psychoanalyse. Er erkennt die große Bedeutung von Konflikten an, doch bestehen diese nach seiner Auffassung nicht zwischen Trieben und ihrer Abwehr, sondern in Konflikten zwischen »relationalen Konfigurationen« (Realität/Phantasie, Innen/Außen usw.), die nicht zu einem Ganzen integriert werden können.[73]

Zusammenfassung

Mit der intersubjektiven Wende hat die Psychoanalyse im Laufe ihrer mehr als hundertjährigen Geschichte einen weiteren Perspektivwechsel vorgenommen, dem von der Zweipersonen-Perspektive, repräsentiert durch die Objektbeziehungstheorie und Selbstpsychologie, hin zum Paradigma der Bezogenheit. Hatte die Zweipersonenpsychologie die Beziehung noch als *Rahmen* für die Entwicklung (und das Verständnis des Behandlungsprozesses) betrachtet, so sieht der Intersubjektivismus die Bezogenheit selbst die Matrix, aus welcher das Individuelle und das Interpersonale erschaffen werden. Damit eröffnen sich neue Wege auch für die Behandlung, die später unter dem Thema »Im intersubjektiven Feld« (▶ 4. Vorlesung) behandelt werden sollen.

---

73 Mitchell SA, Grinberg J (1983)

3. Vorlesung
Einflüsse der Nachbarwissenschaften

Die Entwicklung des intersubjektiven Paradigmas ist nicht zu verstehen, wenn man die Einflüsse nicht mit in Betracht zieht, die in den letzten 30 Jahren von den Nachbarwissenschaften ausgegangen sind. Bis dahin war die Psychoanalyse von einer deutlichen Tendenz zur Abschottung geprägt. Das brachte ihr den Vorwurf ein, sich als Wissenschaft im Elfenbeinturm zu stilisieren. Ab dem letzten Viertel des 20. Jahrhunderts kam es jedoch zu einer Öffnung.[74] Diese verlief zunächst zögernd, hat sich inzwischen allerdings konsolidiert.

In Bezug auf die Neurowissenschaften kam es in den letzten Jahren sogar zu einer gewissen Idealisierung, die bisweilen zu einer Überschätzung ihrer Bedeutung für die Psychoanalyse beiträgt. Im gleichen Zeitraum entwickelte sich die empirische Bindungs-, Säuglings- und Entwicklungsforschung zu einem bedeutenden Forschungsgebiet, das die Psychoanalyse befruchtete. Ihre Befunde bewirkten, dass viele Annahmen der Psychoanalyse über die menschliche Entwicklung und den therapeutischen Prozess einer Revision unterzogen werden mussten. In diesem Zusammenhang wurde sichtbar, wie bedeutungsvoll der Andere und die realen zwischenmenschlichen Beziehungen für die Entwicklung des Selbst sind. Diese Erkenntnisse warfen auch auf die Behandlungspraxis ein neues Licht und ließen die Berechtigung einer intersubjektiven Sichtweise immer deutlicher werden.

---

74 Vgl. meine ausführliche Darstellung in Ermann M (2010)

Säuglings- und Bindungsforschung

Altmeyer und Thomä haben in ihrem Buch *Die vernetzte Seele*[75] die Auffassung vertreten, dass die Säuglings- und Bindungsforscher der intersubjektiven Wende zum Durchbruch verholfen haben. Tatsächlich kann man nur darüber spekulieren, ob ohne eine empirisch-wissenschaftliche Fundierung die Blüte intersubjektiver Ideen nicht rasch wieder verblasst wäre. Durch die Befunde insbesondere von Daniel Stern und seinen Mitarbeitern[76] erhielten sie aber immer neue Nahrung, zumal Stern mit seiner Bostoner Arbeitsgruppe die Kluft zwischen empirischen Befunden und therapeutischer Nutzanwendung überwunden hat.[77]

Ansätze der analytischen Entwicklungslehre

Diese Forschungen haben ihren Vorläufer in der psychoanalytischen Entwicklungspsychologie, für die Freuds *Drei Abhandlungen zur Sexualtheorie* aus dem Jahre 1905[78] als Ausgangspunkt gelten können. Darin beschrieb er psychosexuelle Entwicklungsphasen entlang der libidinösen Besetzung erogener Zonen mit dem Ziel einer sogenannten reifen Genitalität im Dienste der Fortpflanzung.

Dieses Entwicklungskonzept war damals innovativ und hat die Entwicklung der Psychoanalyse vorangebracht. Es hatte aber den Nachteil, dass es nicht aus empirisch belegten Forschungsbefunden abgeleitet war, sondern im Wesentlichen aus Alltagsbeobachtungen und Rekonstruktionen in Patientenbehandlungen stammte. Außerdem war es ganz auf das intrapsychische Paradigma der Anfangsjahre der Psychoanalyse begrenzt und ließ den Umweltbezug außer Acht.

---

75 Altmeyer M, Thomä H (2006)
76 Stern D (1985)
77 Stern D u. a. (1998)
78 Freud S (1905)

> **Kasten 3.1: Stufen der Libidoentwicklung nach Freud**
>
> - *Autoerotisches Stadium:* Eine polymorph-perverse Phase, in der der Körper als Ganzes erogen besetzt ist und die Reizung der Haut zur Befriedigung führt
> - *Orale Phase:* Autoerotisch (polymorph), zentriert um die Mundwelt. Saugen als Mittel der Befriedigung
> - *Anale Phase:* Der Anus als bedeutsame erogene Zone. Befriedigung des analen Partialtriebes durch Zurückhalten des Stuhls
> - *Genitale Phase:* Mit der Dominanz der Genitalien als erogene Zone wird die Masturbation zur Befriedigungsmöglichkeit.

Daran änderte sich selbst nach der Einführung der Kinderanalyse ab 1920 wenig, die es erlaubte, die Rückschlüsse aus der Behandlung von Erwachsenen durch direkte Beobachtungen von behandelten Kindern zu ersetzen. Sie war mehr einer Fundierung klinischer Konzepte als einer objektivierenden Forschung gewidmet.

Die Entdeckung der realen Mutter

So verwundert es nicht, dass die klassische Entwicklungslehre heute nur noch geringe Bedeutung für das Verständnis der komplexen menschlichen Entwicklung und der therapeutischen Prozesse hat. Dies umso mehr, als die Psychoanalyse sich ab 1940 immer mehr den sogenannten frühen Störungen zuwandte, wofür diese Entwicklungspsychologie mit ihrem Schwerpunkt auf den Trieben und der ödipalen Entwicklung keinen angemessenen Bezugsrahmen abgab. Im Ringen um ein Verständnis dieser Störungen verlegte die etablierte Psychoanalyse deren psychopathologischen Kern immer weiter zurück, behielt aber die Grundannahmen der Metapsychologie bei. Beispielhaft dafür war Melanie Klein, die die Frühstadien des Ödipuskomplexes bereits im ersten Lebensjahr lokalisierte.[79]

---

79 Klein M (1928)

Mit der Hinwendung zu den Frühphasen der Entwicklung rückte die frühe Beziehung zwischen Mutter und Kind immer stärker in den Blickpunkt. Die Studien von René Spitz und Margaret Mahler, die nach ihrer Emigration in die USA nach 1950 erste empirische Untersuchungen außerhalb der Behandlungssituation anstellten, lenkten das Augenmerk auf die reale Mutter und auf die Bedeutung von realen Trennungen und die Folgen für die Persönlichkeitsentwicklung.

Abb. 3.1: René Spitz (1887–1974) (links), Schüler von Freud und Ferenczi, begründete mit der Untersuchung der Sozialbeziehungen im ersten Lebensjahr das interaktionelle Paradigma in der Säuglingsforschung. Margret Mahler (1897–1985) verband die Kinderheilkunde mit der Psychoanalyse, welche sie in Wien erlernt hatte, wo sie eine analytisch orientierte Kinderklinik gründete. Mit ihren Erfahrungen leistete sie Pionierarbeit auf dem Gebiet der empirischen Kleinkindforschung. Beide gehörten zu den Emigranten aus Österreich, die der Psychoanalyse in den USA in den 1950er Jahren bedeutende Impulse gaben.

In den Forschungen von **René Spitz** steht die Wechselbeziehung zwischen Mutter und Kind im Zentrum des Interesses. Ihr schrieb er die entscheidende Bedeutung für die Entstehung von Objektbeziehungen zu. Er entdeckte, dass es in bestimmten Augenblicken der Entwicklung zu Reifungsschritten kommt, die von beobachtbaren affektiven Veränderungen angezeigt werden.[80] Das sind

- *das soziale Lächeln* in 2. Lebensmonat,
- *die Fremdenangst*, die mit 7 oder 8 Monaten auftritt,
- und *das erste »Nein«* mit etwa anderthalb Lebensjahren.

Kasten 3.2: Das Entwicklungsmodell von Margaret Mahler

- *Autistische Phase:* bis zur 4. bis 6. Woche
- *Symbiotische Phase:* 2. bis 5./6. Monat
- *Loslösungs- und Individuationsphase* (Differenzierungsphase): 5. bis 12. Monat
- *Übungsphase:* 11. bis 18. Monat
- *Wiederannäherungsphase:* 18. bis 24. Monat
- *Festigung der Individualität* und Anfänge einer emotionalen Objektkonstanz: 24. bis 36. Monat

---

Margaret Mahler, die von der amerikanischen Ichpsychologie ausging, befasste sich in ihren Forschungen mit der Loslösung aus der frühen symbiotischen Beziehung zur Mutter. Sie unterschied dabei verschiedene Entwicklungsstufen, die sich – mit einigem Vorbehalt – auch als Orientierungsrahmen in analytischen Behandlungen nachvollziehen lassen.[81]

Entscheidend für unseren Zusammenhang sind weniger die Inhalte der Ergebnisse dieser frühen Forschungen, die durch die spätere Säuglingsforschung teilweise in Frage gestellt wurden, sondern die Tatsache, dass sie die spekulative klassische Entwicklungslehre durch eine empirisch begründete Forschung ablösten. Dennoch bestand zwischen beiden Ansätzen

---

80 Spitz R (1965)
81 Mahler M (1968)

über längere Zeit ein Bruch. Dieser beruht im Kern auf zwei grundsätzlich verschiedenen Menschenbildern und Sichtweisen über den Zugang zur Welt und zum Leben. Altmeyer und Thomä sprechen von einer »heroischen« und einer »romantischen« Individuationsgeschichte[82].

- *Das heroische Menschenbild* der klassischen Psychoanalyse steht unter dem Vorzeichen von Ängsten und Schuldgefühlen, es sieht den Menschen primär hilflos ausgeliefert in einer feindlichen Welt,
- *das romantische Menschenbild* der neueren Forschung steht unter dem von Einstimmigkeit, Gegenseitigkeit und Anerkennung. Es sieht den Menschen als aktiven Initiator von Interaktionen mit der Umwelt.

Ergebnisse der modernen Säuglingsforschung

Der Säugling als aktiver Mitgestalter

Erst als die Psychoanalyse nach 1975 zunehmend in die Kritik geriet und als elitär und veraltet angeprangert wurde, erlangte die Säuglings- und Bindungsforschung zunehmend mehr Einfluss, denn sie schien die Chance zu bieten, einige ihrer Konzepte auf eine empirische Basis zu stellen und damit dem Vorwurf zu begegnen, spekulativ zu sein. Als ihren Vorreiter können wir den kürzlich verstorbenen **Daniel Stern** betrachten. Die neuen Befunde, die von seiner Arbeitsgruppe und von anderen Säuglingsforschern erarbeitet wurden[83], waren geeignet, dieses Bild zurechtzurücken. Sie bewirkten aber auch, dass die Vorstellung eines passiv ausgelieferten Säuglings und andere Konzepte der analytischen Entwicklungslehre neu überdacht werden mussten.

Im Folgenden beziehe ich mich im Wesentlichen auf die Übersichten, mit denen der Frankfurter Entwicklungspsychologe Martin Dornes unter dem Stichwort **Der kompetente Säugling**[84] 1998 und 2000 in seinen Büchern die wichtigsten Befunde der Säuglingsforschung ab 1970 zu-

---

82 Altmeyer M, Thomä H (2006), S. 14; in Anlehnung an Carlo Strenger
83 Stern D (1985)
84 Der Begriff stammt ursprünglich von Stone u. a. (1973).

Abb. 3.2: Daniel Stern (1934–2012), überwiegend in Genf forschender und lehrender US-Amerikaner, war ein Allroundman, der in gleicher Weise die empirische Kleinkindforschung sowie die dynamische, systemische und intersubjektiv orientierte Psychotherapie von Erwachsenen und von Kindern vertrat.

sammengefasst hat[85]. Sie ergeben ein eindrucksvolles Bild von den konstitutionell angelegten Fähigkeiten, welche Menschen bei der Geburt mitbringen und sofort von Geburt an einsetzen, um in Interaktion zu treten und ihre Bezugspersonen, in der Regel die Mutter, zu aktivieren. Danach erscheint der Säugling nicht mehr als nur abhängiges Wesen, das seiner Umwelt ausgeliefert ist. Er beschäftigt sich vielmehr lustvoll mit seiner Umgebung und initiiert Interaktionen und Reaktionen durch die kommunikative Funktion, die seinen Affektäußerungen innewohnt. So verfügen sie über ein überraschend differenziertes Gefühlsleben, das sie ihrer Umgebung mitteilen. Indem sie sich mitteilen, stiften sie Beziehung. Auf diese Weise nehmen sie Einfluss auf ihre Bezugspersonen, ebenso wie sie selbst von ihnen beeinflusst werden.

---

85 Dornes M (1983, 2000)

> **Kasten 3.3: Fähigkeiten von Neugeborenen und Säuglingen[86]**
>
> - Überraschend gutes Vermögen, gut zu sehen und zu hören schon von Geburt an
> - Unterscheidung der Stimme der Mutter von anderen Stimmen
> - Koordination von Wahrnehmungen aus verschiedenen Sinnesbereichen, z. B. Sehen, Hören, Riechen, Fühlen
> - Mimischer Ausdruck von mindestens 7 unterschiedlichen Primäraffekten (und nicht nur Lust und Unlust)[87]
> - Unterscheidung der dynamischen Struktur von Affekten, z. B. plötzlich auftauchender/langsam anschwellender Affekt
> - Einflussnahme auf das Verhalten der Bezugspersonen durch Mimik, Laute und Gesten

Der Säugling ist also aktiver (Mit-)Gestalter der Beziehung. Das gibt ihm ein Gefühl von Wirkmächtigkeit und ein erstes Gefühl für sein Selbst. Dieses Erleben ist unabdingbar an die Beziehung zum Anderen gebunden. Anders ausgedrückt: Die Befunde der Säuglingsforschung belegen, dass das Selbst seine Wurzel in der Gemeinsamkeit aufeinander bezogener Interaktionen hat, also in der Bezogenheit (▶ Kasten 2.4)

Das verändert nicht nur Grundannahmen der Psychoanalyse über die frühe Entwicklung, für die Freud noch ein autistisches, primär narzisstisches Stadium angenommen hatte.[88] Es verändert auch die landläufige Vorstellung von der Kindheit als einem paradiesischen Zustand der Passivität. Diese Metapher wird in der Säuglingsforschung ersetzt durch das Bild eines »reziproken Lächelspiels zwischen Mutter und Kind.« »Dieses Paradies ist kein Ort mehr, an dem Milch und Honig in den Säugling fließen«, schreibt Dornes[89], »sondern einer, an dem zwei Subjekte Milch

---

86 nach Dornes M (2000), S. 19 ff
87 Interesse, Überraschung, Ekel, Freude, Ärger, Traurigkeit, Furcht (vgl. Krause 1983)
88 Freud S (1914), vgl. Tabelle 6
89 Dornes M (2000), S. 22

und Honig austauschen und sich über die Art des Austausches kontinuierlich verständigen.«

Die Basis dafür sind zum einen die angeborenen Programme des Säuglings. Sie korrespondieren mit ebenfalls angeborenen Programmen auf Seiten der Eltern. Die Münchener Entwicklungsforscher Mechthild und Hanus Papoušek sprechen von intuitiver Elternschaft[90]. Das Zusammenpassen der Programme garantiert die zutreffende Beantwortung der Bedürfnisse des Kindes und ist maßgeblich dafür, dass die Entwicklung gelingt. **Zusammenpassen**, englisch *matching* oder *fitting*, bewirkt die Erfahrung von Kontingenz und Wirksamkeit, in der das Selbst sich entwickeln kann.

Spielräume der Entwicklung

Die landläufige Auffassung, dass die psychische Struktur vor allem in Augenblicken oder Zuständen hoher Erregung geformt wird – orale Frustration, analer Kampf, ödipales Drama –, hat sich aus der Sicht der Säuglingsforscher als zu einseitig erwiesen. Sie meinen, dass Strukturbildung und Lernen vielmehr in den alltäglichen Zuständen niederer Spannung geschieht, in denen Säuglinge die meiste Zeit des Tages verbringen.[91] Nicht die Bedürfnisbefriedigung, sondern die Zeiträume dazwischen sind entscheidend. Es sind die psychischen »Spielräume, in denen sich das Selbst entwickelt.[92]« Wenn diese Räume gestört werden, erscheinen auch die Triebe bedrohlich und eröffnen den Weg hin zur pathologischen Verarbeitung.

Diese Auffassungen stehen in Einklang mit den Konzepten, die wir in der vorigen Vorlesung bei Balint, Winnicott und Kohut kennengelernt haben. Die Metaphern der primären Mütterlichkeit, des Übergangsraumes und der umwandelnden Verinnerlichung betonen alle die große Bedeutung eines entspannten Zusammenspiels zwischen der realen Mutter und ihrem Kind für die normale Entwicklung. In diesen alltäglichen Situatio-

---

90 Papoušek H, Papoušek M (1987)
91 Lichtenberg JD (1983), Stern D (1985)
92 Winnicott DW (1958)

nen werden Erfahrungen mit dem Anderen verinnerlicht und Strukturen gebildet.

Das alles lässt sich natürlich auch auf die Behandlungssituation übertragen. Danach erhalten eine entspannte Atmosphäre in der Behandlung, der therapeutische Spielraum, die Objektverwendung und das gemeinsame Nachsinnen ein neues Gewicht, während die klassischen Wirkfaktoren wie Einsicht in einer abstinenten Beziehungssituation und affektiv hochgeladene Deutungen in ihrer Bedeutung eingeschränkt werden.

Was aber, wenn es zu **Störungen der Beziehungsregulation** und der beidseitigen Affektregulation kommt? Dann entwickeln der Säugling und später das Kleinkind entweder Symptome oder Entwicklungsdefizite oder eine Anpassung an unzureichende Bedingungen. Jedenfalls bleibt das gesunde Selbstempfinden beeinträchtigt.

- *Symptome* sind der Ausdruck hoher Spannungszustände, die nicht abgeführt und in der Beziehung reguliert werden können. Es sind z.B. Essstörungen, Erbrechen, Gedeihstörungen oder die Entwicklung hin zu Schreikindern.
- *Entwicklungsdefizite* reflektieren eine mangelhafte elterliche Funktion, die affektiven und physiologischen Zustände ihrer Kinder zu entschlüsseln und kontingent zu beantworten. Sie können sich im späteren Leben in einer unzureichenden Fähigkeit äußern, Gefühle oder Bedürfnisse wahrzunehmen oder Affekte als solche zu ertragen. Auf dieser Basis entstehen dann oft diffuse Angstzustände oder Somatisierungsstörungen[93].
- *Fehlanpassungen* können sich als Fremdheitsgefühle gegenüber sich selbst oder der Umwelt äußern oder durch eine Angepasstheit, die Winnicott[94] als »falsches Selbst« beschrieben hat.

Die Ursache dafür können Störungen der genetischen Ausstattung beim Kind oder bei den Eltern sein, aber auch eine Vielzahl von Einflüssen,

---

93 Diese Zusammenhänge habe ich früher (1985) als psychovegetative Grundstörung beschrieben. Heute würde man sagen, die primären psychoaffektiven Zustände werden nicht mentalisiert.
94 Winnicott DW (1960)

welche die intuitiven Elternfunktionen beeinträchtigen: Depressive oder andere psychische Störungen, Kummer und Sorgen, Partnerschaftsprobleme, neurotische Phantasien und Befürchtungen in Bezug auf das Kind oder Identitätsprobleme in der Elternrolle, um nur einige zu nennen.[95]

Zusammenfassend kann man sagen, dass die Säuglingsforschung neue Akzente gesetzt hat, indem sie die reale Person des Anderen für die Entwicklung stärker betont, als es aus früherer psychoanalytischer Sicht der Fall war. Entwicklung hat ihren Schwerpunkt danach nicht bei der Bewältigung intrinsischer Reize aus der Welt der Triebe, Affekte und unbewussten Phantasien. Die Säuglings- und Bindungsforschung sieht den Schwerpunkt stattdessen beim **Umgang** der Bezugspersonen mit diesen Zuständen. Wenn dieser Umgang gelingt, werden die inneren Erfahrungen mit einem Gefühl der Selbstverständlichkeit hingenommen und zum Bestandteil des natürlichen Selbsterlebens. Erst wenn er misslingt, können sie zum Kern pathologischer Entwicklungen werden.

Insgesamt betont die moderne Säuglingsforschung also das Normale und rückt die Krisen und Dramen der Kindheit in den Kontext des Alltäglichen. Sie beschäftigt sich mit den fördernden Interaktionen, die helfen, die Dramen der Kindheit zu bewältigen und mit ihnen umzugehen. Das hat ihr den Vorwurf eingebracht, die Entdeckungen der Psychoanalyse zu verharmlosen; gemeint ist das Dämonische einer primärprozesshaft strukturierten inneren Welt, der Welt des Unbewussten. Ob zu Recht, wird jeder je nach dem Menschenbild, von dem er sich leiten lässt, anders entscheiden.

Der Beitrag der Bindungsforschung

Dem Vorwurf, dass mit der empirischen Hinwendung zur realen Mutter-Kind-Beziehung das Eigentliche der Psychoanalyse verloren geht, sah sich auch die Bindungsforschung ausgesetzt, die in den 1940er und 50er Jahren von **John Bowlby** in London initiiert wurde. Insbesondere Melanie Klein und ihre Anhänger kritisierten, dass die Hinwendung zur realen Erfahrung den eigentlichen Gegenstand der Psychoanalyse, die unbewussten Phan-

---

95 Ich verweise auf die instruktiven Beispiele bei Dornes (2000), S. 22.

tasien, verpasste. So blieb Bowlby trotz seiner bedeutenden Funktionen in der Londoner Tavistock-Klinik und in der Britischen Psychoanalytischen Gesellschaft mit seinen Auffassungen lange isoliert. Zusammen mit **James Robertson** und **Mary Ainsworth** trieb er die Bindungsforschung dennoch engagiert voran. Heute gehört sie zu den maßgeblichen Basiswissenschaften, auf die sich auch die Psychoanalyse stützt.

Abb. 3.3: John Bowlby (1907–1990, Bildnachweis: © The Grandchildren's Trust) war Kinderpsychiater und Psychoanalytiker und leitete die Kinderpsychiatrische Abteilung in der Tavistock Klinik in London. Über James Robertsons Lehrfilm *A Two-year-old Goes to Hospital*, in dem er 1952 zusammen mit Robertson die katastrophalen Folgen von traumatischen Trennungen in der Kindheit dokumentierte, kam es zum Bruch mit der Londoner psychoanalytischen Community. Zusammen mit der kanadischen Entwicklungspsychologin Mary Ainsworth (1913–1999) entwickelte er die Bindungstheorie unbeirrt weiter.

Im Zentrum vom Bowlbys Bindungstheorie[96] steht die Annahme, dass der Mensch mit einer angeborenen Tendenz zur Welt kommt, die Nähe anderer zu suchen und Bindungen zu anderen herzustellen. Danach ist das Bindungssystem ein eigenständiges Motivationssystem neben anderen wie Aggression oder Sexualität. Es wird in Gefahrsituationen aktiviert und ruft

---

96 Bowlby J (1969. 1973)

3. Vorlesung Einflüsse der Nachbarwissenschaften

Abb. 3.4: James Robertson (1911–1988) gehörte zu den engsten Mitarbeitern von John Bowlby. Zusammen mit seiner Frau Joyce Robertson (1919–2013) arbeitete er an dem Projekt *Young Children in Brief Separation*, aus dem auch ein vielbeachteter Lehrfilm entstand. (Bildnachweis: © www.robertsonfilms.info; www.concordmedia.org.uk (Concord Media, Robertson Films))

spezielle, konstitutionell mitgebrachte Verhaltensweisen hervor, das sogenannte **Bindungsverhalten**. Es umfasst instinkthaft vorgegebene Kommunikationsmuster wie Blickkontakt, Mimik, Zappeln oder Schreien, mit denen Aufmerksamkeit, Zuwendung und Nähe zu anderen hergestellt und ein Gefühl der Sicherheit erzeugt werden sollen. Je nach den Erfahrungen, die der Säugling dabei mit seinen Bezugspersonen macht, entstehen spezifische Bindungsstile.[97] Bei den Intersubjektivisten wird im gleichen Sinne von emotionalen Organisationsprinzipien die Rede sein.

---

97 Einen guten Überblick gibt Köhler L (1992).

Die Weiterentwicklung der Bindungsforschung wurde vor allem von seiner Schülerin Mary Ainsworth erfolgreich betrieben. Sie erfand als standardisiertes Untersuchungssetting die sogenannte Fremdensituation, in der das Bindungsverhalten nach standardisierter Trennung von der Bezugsperson untersucht wird. In diesem Setting fand sie drei gut unterscheidbare **Bindungsstile** (▶ Kasten 3.4). Diese bilden sich im ersten Lebensjahr heraus und bleiben über lange Strecken des Lebens, mindestens aber bis zur Pubertät erhalten.[98]

Kasten 3.4: Bindungsstile nach Mary Ainsworth

- *Sicher gebunden* sind Kinder, die ihre Mutter als sichere Basis zur Verfügung haben, von der aus sie die Welt und das Leben erkunden können. Sie machen die Erfahrung, dass die Mutter in Gefahrsituationen auf ihre Bindungssuche feinfühlig, d.h. zeitgerecht und zutreffend reagiert. Sie bewältigen Trennungen ohne anhaltende Erschütterung und stellen bei Rückkehr der Mutter rasch wieder Kontakt her, um sich danach wieder ihrer Tätigkeit zuzuwenden.
- *Unsicher-vermeidend* entwickelt sich die Bindung, wenn das Kind Zurückweisungen seiner Bindungswünsche erfährt. Diese Kinder bleiben von vornherein auf Distanz, scheinen durch die Abwesenheit der Mutter bei Trennungen kaum gestört zu sein und ignorieren ihre Rückkehr.
- *Unsicher-ambivalente* Bindungen entstehen hingegen, wenn die Reaktionen auf das Bindungsverhalten widersprüchlich und nicht vorhersagbar sind. Hier handelt es sich um ängstliche Kinder, die sich anklammern und mit Angst und Trotz auf Trennungen reagieren. Sie schwanken zwischen Kontaktsuche und Abwendung, wenn die Mutter zurückkommt.

Daneben gibt es desorientiert/desorganisierte Bindungen, die auf Traumatisierungen und Verlusten wichtiger Personen bis zum 14. Lebensjahr beruhen. Diese Kinder zeigen bei Trennungen ein widersprüchliches

---

98 Ainsworth M u.a. (1978)

Verhalten, das z. B. zwischen anhaltendem Schreien und Erstarrung schwankt.

Neben der Funktion der Mutter als sichere Basis ist nach Mary Ainsworth die **Feinfühligkeit** der Bezugsperson, d. h. die Art und Weise, wie sie auf das Bindungsverhalten reagiert, maßgeblich dafür, welcher Bindungsstil entsteht.[99] Entscheidend ist, dass die Person, zu der Nähe gesucht wird, sich rasch in das Kind hineinversetzen und seine Lage erfassen kann, zügig und zutreffend reagieren kann und das rechte Maß zwischen Versagung und Überversorgung findet. Daneben dürften aber auch konstitutionelle Faktoren auf Seiten der Kinder, z. B. ihre psychische Dünnhäutigkeit, eine Rolle spielen.

Diese Erkenntnisse lassen sich ohne Weiteres auch auf die Behandlungssituation anwenden. Das bedeutet, dass Bindungserfahrungen auch übertragen werden und in der Behandlung zum Tragen kommen. Daraus ergibt sich die Chance, alte Bindungsmodelle durch das Verhalten in der Therapie zu widerlegen und durch neue Erfahrungen zu ersetzen (oder auch zu bestätigen und zu verfestigen). Ob dazu auch Deutungen hilfreich sind, sei zunächst dahingestellt.

Vorrangig aber ergibt sich als zentraler Wirkfaktor in der Psychotherapie, dass Therapeuten als sichere Basis zur Verfügung stehen, damit die innere und äußere Welt aus einem Gefühl der Sicherheit heraus erkundet werden kann. Außerdem ist die Feinfühligkeit in der Beziehungsregulation ein wesentliches Element in der Psychotherapie und Psychoanalyse. Das gilt zum Beispiel für die Bindungswünsche des Patienten gegenüber dem Therapeuten, aber auch für so basale Entscheidungen wie die Festsetzung der Behandlungsfrequenz, bei der man das rechte Maß zwischen Nähe und Distanz treffen muss.[100]

Da die Bindungsstile in den ersten Lebensmonaten angelegt werden und im vorsprachlichen Bereich wurzeln, ergibt sich auch die Frage nach der Reichweite einer Behandlung, die als »reine Redekur« konzipiert ist. Wir werden im weiteren Verlauf sehen, dass sie nicht ausreicht, um das basale Beziehungswissen zu verändern. Je mehr wir in den Bereich der Grundstörung gelangen, umso mehr kommen prozedurale Erfahrungen

---

99 Die »Baltimore-Studie« von Mary Ainsworth u. a. (1978)
100 Ermann M (2010), 4. Vorlesung

zum Tragen. Dadurch verschiebt sich das Zentrum der Behandlung von der Deutung und Einsicht hin zum *Umgang* mit den Patienten. Ich habe das als implizite psychoanalytische Behandlung beschrieben.[101] Zusammenfassend lässt sich Bindung als Reaktion darauf verstehen, wie die Bezugspersonen auf das kindliche Bindungsverhalten antworten. Damit untermauert die Bindungsforschung die Erkenntnis, dass das Selbsterleben zwischen zwei Menschen intersubjektiv ausgehandelt wird und als ein Produkt ihrer wechselseitigen Bezogenheit zu verstehen ist. Damit steht sie im Einklang mit den Befunden der Säuglingsforschung und betont die große Bedeutung der Realbeziehung für die Entwicklung des Selbst.

Beiträge der Neurowissenschaften

Resonanzphänomene

Mit Konzepten wie primäre Mütterlichkeit, intuitive Elternschaft oder Feinfühligkeit sind wir auf die große Bedeutung der elterlichen Intuition für die intersubjektiven Prozesse der Selbstfindung aufmerksam geworden. Aber woher gewinnen Pflegepersonen eigentlich die Informationen, die ihnen erlauben, richtig in Bezug auf Inhalt und Zeit auf ihren Säugling zu reagieren?

Auf diese Frage gibt das Konzept der Resonanzphänomene Antwort. Es macht die unbewusste Kommunikation verständlich. Es bildet eines der Modelle, die erklären, wie Intuition funktioniert.[102]

Die Arbeitsgruppe um den italienischen Neurophysiologen **Giacomo Rizolatti** hat in ihren Labors in Parma in den 1990er Jahren herausgefunden, dass wir auf Stimmungen, Handlungen oder auch nur Absichten unseres Gegenübers reagieren, indem in unserem Gehirn die gleichen

---

101 Ermann M (2005)
102 Bauer J (2005)

Nervenzellen aktiviert werden wie in dem des Handelnden.[103] Sie nennen diese Zellen **Spiegelneurone**. Wir verhalten uns also unbewusst, als würden wir selbst diese Handlung planen oder ausführen oder das Gefühl des Gegenübers empfinden. Auf diese Weise gelangen wir zu einer intuitiven Gewissheit über die Absichten und Befindlichkeiten unseres Gegenübers, die dann in unsere Entscheidungen und Motivationen mit eingehen. Das kann bis hin zur Gefühlsansteckung gehen, und bisweilen benehmen wir uns sogar auf der Verhaltensebene so wie der Andere, ohne es zu bemerken.

Bekannte Beispiele dafür sind die Mitbewegungen des Mundes, wenn eine Mutter ihr Baby füttert, oder das Ausweichen vor einem Blick, wenn das Gegenüber das tut. Selbst wenn eine Handlung unvollendet bleibt, wird sie durch die Aktivität der Spiegelneurone einfach ergänzt. Auch Ahnungen, dass etwas mit dem anderen nicht stimmt oder dass ihm etwas geschehen wird, beruhen auf derartigen intuitiven Resonanzerlebnissen.

Abb. 3.5: Der italienische Neurophysiologe Giacomo Rizzolatti (geb. 1937) entdeckte mit seinen Mitarbeitern 1992 die Spiegelneurone als neuronale Grundlage für Nachahmen, Lernen und Intuition. Er fand, dass im Gehirn eines Affen, der selbst eine Handlung ausführte, die gleichen neuronalen Prozesse ablaufen, als wenn er diese nur beobachtete. (Bildnachweis: © Marco Garofalo/LUZ)

---

103 Rizzolatti G, Sinigaglia C (2008)

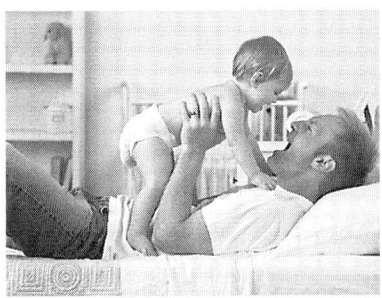

Abb. 3.6: In der vorsprachlichen Kommunikation spielt die Nachahmung eine bedeutende Rolle. Neurowissenschaftlich betrachtet beruht sie auf der Aktivierung von Spiegelneuronen. Psychodynamisch gesehen bilden Prozesse wie projektive und introjektive Identifikation die Grundlage. (Bildnachweis: © AVAVA – Fotolia.com)

In der Psychotherapie sind diese Phänomene als Übertragung und Gegenübertragung seit langem bekannt. Schon vor mehr als 50 Jahren haben Psychoanalytikerinnen wie Melanie Klein und Paula Heimann die Mechanismen dafür mit den Konzepten der Identifikation, Projektion und projektiven Identifizierung erklärt (▶ 1. Vorlesung). Die Neurowissenschaften stellen heute mit der Erforschung der Spiegelneuronen Befunde zur Verfügung, die diese Konzepte auf eine naturwissenschaftliche Basis stellen.

Die rätselhafte frühe Amnesie

Als Freud sich um 1900 mit dem Phänomen der Deckerinnerungen beschäftigte[104], äußerte er seine Verwunderung darüber, dass die sicherlich vorhandenen »unverlöschbaren Spuren«, welche die Erlebnisse der ersten Kinderjahre in uns eingravieren, keine bleibenden Erinnerungen im Gedächtnis hinterlassen. So nannte er die frühkindliche Amnesie ein »seltsames Rätsel«[105].

---

104 Freud S (1901)
105 ebenda, S. 54 ff

Dabei ging er davon aus, dass das Gedächtnis ein *einheitliches* mentales System darstellt und dass alle wesentlichen Erfahrungen darin auf gleiche Weise abgelegt werden. Daraus leitete er die Annahme ab, dass viele der späteren Kindheitserinnerungen keine wirklichen Erinnerungsspuren darstellen, sondern eine spätere Überarbeitung belastender Erfahrungen, die durch Verschiebung auf unbedeutende Eindrücke abgewehrt werden. Er nannte sie Deckerinnerungen. Aus diesen Überlegungen zog er den Schluss, dass die verdrängten eigentlichen Inhalte hinter den Deckerinnerungen durch Assoziationen zum Vorschein gebracht bzw. rekonstruiert werden könnten. Es sei nur eine Frage der analytischen Technik, so glaubte er, »ob es gelingen wird, das Verborgene vollständig zum Vorschein zu bringen«[106].

Diesen Anspruch konnte die klassische Psychoanalyse durchaus erfüllen, die den reifen Neurosen und der Rekonstruktion ödipaler Triebkonflikte gewidmet war. Das Rätsel der Amnesie für die *präödipale* Entwicklung war damit aber nicht gelöst. Die präödipalen Störungen galten damals als nicht analysierbar, offenbar weil die Amnesie für die vorsprachliche Zeit nicht aufgelöst werden konnte.[107] Ebenso galt der Narzissmus als unanalysierbar, weil in den Behandlungen keine Wiederbelebung des ödipalen Dramas in der Übertragung stattfand; die Betroffenen galten als nicht übertragungsfähig.[108]

Zwei Arten von Langzeitgedächtnis

Was Freud damals noch nicht wissen konnte, war die Tatsache, dass seine Annahmen auf einer falschen Voraussetzung aufbauten. Wie wir heute wissen, ist das Langzeitgedächtnis nämlich durchaus kein einheitliches Phänomen, wie er nach damaligem Kenntnisstand noch zu Recht annahm,

---

106 Freud S (1937), S. 46
107 Hier äußerte Freud (1905) sich sehr vage: »Wir haben es bedauern müssen, dass eine genügende Aufklärung des Verhältnisses zwischen Sexualbefriedigung und Sexualerregung sowie zwischen der Tätigkeit der Genitalzone und der übrigen Quellen der Sexualität nicht zu erreichen war« (S. 135).
108 Freud S (1914) – vgl. auch die Ausführungen zu Freuds Narzissmustheorie in der 2. Vorlesung.

sondern ein komplexes Geschehen. Die kanadische Neurophysiologin **Brenda Milner** hat nämlich um 1955 in Studien an Hirnoperierten herausgefunden, dass es verschiedene Formen von Gedächtnis gibt, die auch verschiedenen Hirnarealen zugeordnet sind.[109]

Abb. 3.7: Die kanadischen Neuropsychologin Brenda Milner (geb. 1918) entdeckte, dass Lernen und Gedächtnis keine einheitlichen Phänomene sind. Sie unterschied zwischen implizitem und episodischem Gedächtnis und ordnete sie verschiedenen Systemen im Gehirn zu. (Bildnachweis: © Photographer: Pierre Charbonneau, Courtesy of the Montreal Neurological Institute, McGill University)

Für unseren Zusammenhang sind zwei Modi des Gedächtnisses hervorzuheben: Das implizit-prozedurale und das explizit-episodische Gedächtnis. Wie wir später sehen werden, entsprechen dieser Unterscheidung auch zwei Modi von psychischen Funktionen: ein prozeduraler und ein deklarativer Modus.

---

109 Milner B (1972)

Das implizit-prozedurale Gedächtnis

Das implizit-prozedurale Gedächtnis enthält das Beziehungswissen über das Da-Sein. Es sagt uns, wie wir uns auf dieser Welt befinden und unser Leben in dieser Welt sichern können. Man nennt es auch kurz das **Prozessgedächtnis** (daher »prozedural«). Es ist das früheste, vorsprachliche Gedächtnis, das offenbar bereits intrauterin angelegt wird, wie man daraus folgern kann, dass Säuglinge nach der Geburt Musik wiedererkennen, die sie während der Schwangerschaft gehört haben. Entscheidend ist aber, dass es durch die Erfahrungen mit den frühen Bezugspersonen ausdifferenziert wird und sich durch neue Erfahrungen lebenslang weiterentwickelt.

Im Prozessgedächtnis ist das Beziehungswissen vorsprachlich als affektive und sensorisch-vegetative Zustände codiert – als archaische Gefühlszustände, Erregung, Unruhe, Unwohlsein oder als Versunkenheit oder Anspannung oder als psychosomatische Innervation. Darin enthalten sind auch basale Organisationsprinzipien der Persönlichkeit, die in der Begegnung mit dem Anderen in ungezählten frühen Interaktionen geformt werden. So nähren sich z.B. grundsätzliche Eigenheiten unseres Wesens wie Urvertrauen, Skepsis oder Zuversicht aus dem Prozessgedächtnis, ebenso wie das archaische Selbstverständnis mit den Grundeinstellungen gegenüber sich selbst.

Die Inhalte des implizit prozeduralen Gedächtnisses stammen zweifellos aus Erfahrungen. Es handelt sich aber um Erfahrungen, die als **Zustände** gespürt, erlebt, erlitten sind und nicht als Handlungen und Szenen. Sie hinterlassen ihre Spuren in der basalen Persönlichkeitsorganisation. Sie sind nicht in Begriffen gefasst, nicht mentalisiert, wie man heute sagt. Sie wurden niemals »gedacht« und sind in diesem kognitiven Sinne auch niemals bewusst gewesen. Man kann daher vom »Niegewussten« sprechen.[110]

Diese Inhalte gehören also in den Bereich des Unbewussten. Es handelt sich aber nicht um Inhalte des dynamischen Unbewussten, das Freud konzipiert hat und das aus Verdrängungen ehemals bewusster Inhalte stammt. Intersubjektivisten sprechen vom relationalen Unbewussten, ein

---

110 Auch die angeborenen »unbewussten« Phantasien der Kleinianischen Theorie gehören in den Bereich des Niegewussten.

Begriff, der 2006 von Zeddies[111] eingeführt wurde, oder vom intersubjektiven Unbewussten (▶ 4. Vorlesung). Da es keine semantische Struktur hat, kann es in der Behandlung auch nicht erinnert werden.[112] Es kann allerdings aus Zuständen und grundlegenden Selbstkonzepten gefolgert und als Mutmaßung konstruiert werden.

Es bleibt die Tatsache zu berücksichtigen, dass die Selbstkonzepte und Zustände, die den Inhalt des Prozessgedächtnisses bilden, in der Regression aktiviert werden und das Erleben, z. B. als Enactment oder als Übertragung, prägen können. Mit Blick auf diese Dynamik, die eine formale Ähnlichkeit mit dem Auftauchen von Inhalten aus dem dynamischen Unbewussten Freuds hat, ist der Begriff **prozedurales Unbewusstes** zu bevorzugen.

Neuroanatomisch wird heute angenommen, dass das implizite Gedächtnis an subkortikale Strukturen gebunden ist, die bei allen Säugetieren angenommen werden. Dabei steht das limbische System mit Amygdala und Hippocampus im Zentrum des Geschehens.[113]

Das explizit-deklarative Gedächtnis

Das explizit-deklarative Gedächtnis kommt mit etwa 18 Monaten hinzu. Es enthält das Erfahrungswissen über Geschehenes, d. h. über Ereignisse und Episoden, die erlebt wurden oder gewusst werden. Man nennt es auch das **Inhaltsgedächtnis**.

Dieses spätere Gedächtnis ist semantisch codiert. Das bedeutet, es ist an bildhafte Vorstellungen, an Begriffe und später an die Sprache und erinnerbare Szenen gebunden. Man kann diese Inhalte als Episoden oder Fakten aufrufen und darüber sprechen, daher die Bezeichnung »deklarativ« (oder auch episodisch). Wir benutzen dieses Gedächtnis, wenn wir uns z. B. über gemeinsame Erfahrungen austauschen nach dem Modus: »Weißt du noch – damals, als wir ...«. Aber auch der bewusste Ausdruck von Gefühlen und Emotionen folgt dem deklarativen Modus.

---

111 zit. nach Altmeyer M (2011)
112 Zum »modernen« Unbewussten der Kognitionswissenschaft vgl. Roth G (2003) sowie Dijksterhuis A (2007).
113 Roth G (1995)

Kasten 3.5: Das implizit-prozedurale und das explizit-deklarative (episodische) Gedächtnis

Das implizit-prozedurale Gedächtnis:

- Es ist der zuerst bestehende Modus in der Entwicklung.
- Es enthält die Grunderfahrungen des Lebens als Beziehungswissen.
- Seine Inhalte sind subsymbolisch kodiert und bilden das Körpergedächtnis.
- In der psychoanalytischen Behandlung äußert es sich als Enactment oder prozedurale Übertragung.

Das explizit-deklarative Gedächtnis:

- Es ist der später hinzukommende Modus.
- Es enthält autobiographische Erfahrungen.
- Es ist semantisch organisiert.
- Es wird in der Psychoanalyse als neurotische Übertragung wiederbelebt.
- Es setzt in der Entwicklung das Funktionsniveau des verbalen Selbst voraus.

Folgerungen für die Psychoanalyse
Es gibt demnach zwei Modi der Übertragung:

- Die klassische (neurotische) Übertragung: Sie ist auf Objekte bezogen (objektal) und semantisch im explizit-episodischen Gedächtnis abgelegt.
- Die prozedurale Übertragung: Sie beinhaltet archaische Selbstzustände und ist sensorisch und affektiv im implizit-prozeduralen Gedächtnis kodiert.

Neuroanatomisch gehen wir davon aus, dass dieser Modus an neuronale Strukturen in den höheren Hirnzentren gebunden ist. Zwar mögen

Empfindungen und Erinnerungen auch weiterhin im Zwischenhirn induziert werden, ihre bewusste Wahrnehmung und Bewertung setzt aber voraus, dass sie an die präfrontale Hirnrinde weitergeleitet werden.[114] Da die neuronalen Verbindungen zwischen Stamm- und Großhirn erst in einem längeren Prozess nach der Geburt ausreifen, wird verständlich, dass der deklarative Modus bzw. das explizite Gedächtnis erst im zweiten Lebensjahr funktionsfähig werden.[115]

Nach allem, was wir heute wissen, ist das **dynamische Unbewusste** ein Teil des expliziten Gedächtnisses. Man nimmt an, dass die unbewussten Inhalte durch die Verdrängungsschranke von den bewussten und vorbewussten Erinnerungen dissoziiert sind.[116] In der Behandlung werden sie mit der Aufhebung der Verdrängung erinnert und können dann als Episoden, Fakten oder Wissen auch mitgeteilt (deklariert) werden.

Für die Psychoanalyse ist der entscheidende Unterschied zwischen den beiden Gedächtnismodi demnach, dass die frühesten Erfahrungen prozedural codiert und nicht erinnerungsfähig sind, während die späteren deklarativ codiert sind und daher auch prinzipiell der Erinnerung zugänglich werden können.

Die Lösung des Rätsels

Was Freud und die alten Psychoanalytiker nach all dem nicht wussten, war die Tatsache, dass die psychoanalytische Kur nur Informationen erreichen und aufdecken kann, die im Inhaltsgedächtnis abgelegt sind, die also deklarativ codiert sind. Es sind z. B. die verdrängten konflikthaften Szenen und Episoden der Kinderzeit, die ödipalen Dramen oder analen Kämpfe. Damit ist die Freud'sche Psychoanalyse auf die Behandlung der relativ spät angelegten Neurosen begrenzt, d. h. auf die klassischen Neurosen, die ganz im Sinne von Freud um den Ödipuskomplex konstituiert sind. Diese Neurosen erfüllen nach klassischer Auffassung die Voraussetzung der

---

114 Le Doux JE (1996)
115 Markowitsch HJ (2002)
116 Vgl. Freuds »topisches Modell« der Persönlichkeit, 1. Vorlesung

Analysierbarkeit. Sie geben die verdrängten Episoden in der Verhüllung der Übertragung preis und eröffnen ihnen damit den Weg ins Bewusstsein.

Vor diesem Hintergrund erscheint nun das, was der klassischen Psychoanalyse bei den frühen und narzisstischen Störungen als Unanalysierbarkeit erschienen war, in einem neuen Licht. Es handelt sich um Patienten, deren Störungskern auf einer frühen, vorsprachlichen Ebene angesiedelt ist. Ihre prägenden Erfahrungen sind im impliziten Gedächtnis abgelegt. Sie sind dort prozedural, d. h. als Prozesswissen in Form archaischer Selbst-Überzeugungen und affektiv-sensorischer Zustände codiert und können in der Regression, d. h. unter Stress oder in der Behandlung, jederzeit wiederbelebt werden. Das macht verständlich, dass sie durch die reine Redekur nicht verändert werden können, weil die reine Rede als solche in den Bereich des impliziten Gedächtnisses nicht hineinreicht.

Michael Balint scheint das geahnt zu haben, als er in seinem Buch *Therapeutische Aspekte der Regression*[117] eine **Grundstörung** beschrieb. Er erkannte, dass Worte ihre Funktion als Mittel der deklarativen Kommunikation verlieren, wenn die Regression das Stadium der Grundstörung erreicht. Stattdessen erlangen sie eine prozedurale Funktion als präverbale Kommunikation. In diesem Stadium sind Stimmklang und Anwesenheit, Atmosphäre und Ermöglichen die tragenden Elemente der Behandlung. Worte als verbale Information, glaubte Balint, sind in diesem Stadium sogar schädlich, zumal wenn man versucht, damit das »Material« auf einer kognitiven Ebene zu strukturieren.

Zwei Modi des Erlebens

Mit der Unterscheidung der beiden Gedächtnisformen erweist sich das Hinzukommen von deklarativen Erinnerungen ab dem 2. Lebensjahr als ein Angelpunkt in der Entwicklung mit bedeutenden therapeutischen Konsequenzen. Es ist der Punkt, der mit der Entstehung des Begriffsdenkens und dem Spracherwerb einen massiven Umbruch in der Entwicklung markiert. Indem die Hirnreifung nun soweit fortgeschritten ist, dass Wahrnehmungen, Affekte und Erinnerungen über die neuronalen Ver-

---

117 Balint M (1968)

knüpfungen vom Stammhirn zum Neokortex, insbesondere zum Frontalhirn, weitergeleitet werden können, ist die Grundlage geschaffen, darüber auch nachzudenken. Für dieses Nachdenken über sich selbst und andere hat sich mit **Peter Fonagy** und **Mary Target**[118] der Begriff Mentalisierung eingebürgert.

Abb. 3.8: Der aus Ungarn stammende Londoner Psychoanalytiker Peter Fonagy (geb. 1952) erarbeitete zusammen mit der Klinischen Psychologin Mary Target in den 1990er Jahren in London das Konzept der Mentalisierung, das neue Beiträge zum Verständnis des analytischen Prozesses ermöglicht hat. (Bildnachweise: links © Cfonagy, rechts: Courtesy of Mary Target)

Das Konzept der **Mentalisierung** baut auf der Säuglingsforschung und Kognitionspsychologie auf. Es ist ein zutiefst intersubjektives Konzept. Es beschreibt, dass das Kind ab etwa drei Jahren mentale Zustände hinter dem Ausdrucksverhalten anderer entdeckt. Damit erwirbt es nach und nach die Fähigkeit, Gefühlszustände und Motivationen aus dem Verhalten anderer zu erschließen. Indem es anfängt, diese Entdeckung auch auf sich selbst

---

118 Fonagy P, Gergely G, Jurist E, Target M (2002)

anzuwenden, beginnt es, sich besser zu verstehen. Dabei betrachtet es zunächst die Rückmeldungen auf sein eigenes Verhalten und schließt daraus auf seine eigene Befindlichkeit bzw. seine Motive. Das Kind erkennt sich also im intersubjektiven Spiegel des Anderen. Dieser Prozess ist in das Bindungs- und Beziehungserleben eingebunden und wird von ihm mit geprägt. Das heißt, eine sichere Bindung und eine gute Fähigkeit zur Mentalisierung gehen Hand in Hand.

Für unseren Zusammenhang ist die Tatsache wichtig, dass das Kind mit etwa vier Jahren einen Stand erlangt, von dem aus es über sich nachdenken und einen gewissen Abstand zu sich selbst erlangen kann. Es erreicht damit eine Metaposition, von der aus die Dinge und Phänomene nicht nur so sind, wie sie sind, sondern darüber hinaus eine Bedeutung haben.

Bevor diese Stufe des Erlebens erreicht wird, stehen sich zwei Erlebnismodi gegenüber, die erst später integriert werden: der Äquivalenzmodus und der Als-ob-Modus. Diese Unterscheidung ist von großer Bedeutung für den Unterschied zwischen klassischen Neurosen und frühen Störungen und knüpft an die zuvor erörterte Frage der Analysierbarkeit an.

- *Im Äquivalenzmodus* erlebt man konkretistisch. Wenn dieser Modus aktiv ist, wird die Phantasie der Wirklichkeit gleichgesetzt. Dann gibt es keine Bedeutung dahinter. Die Vorstellung des Bösen *ist* dann das Böse und bewirkt Angst und Schrecken. Dann zählt das Gesprochene als Wort und nicht die darin enthaltene Botschaft. In der Behandlung zählen dann Stimmklang oder Verstummen. Der Analytiker wird die schützende Mutter oder der strafende Vater. Es fehlt die Metaposition, aus der heraus das Als-ob erlebt werden kann – als *sei* er Mutter oder Vater. Dieser Modus kennzeichnet das Funktionsniveau der frühen Störungen und macht es so schwer, mit den Betroffenen zum Beispiel über die Übertragung nachzudenken. Es fordert eine konkretistische Antwort auf der Handlungsebene, weil das Nachdenken darüber versagt. Das erklärt, weshalb der *Umgang* mit den Patienten auf dieser Ebene der zentrale Wirkfaktor der Behandlung ist.
- *Im Als-ob-Modus* erleben wir die Bedeutung, die den Phänomenen innewohnen. Das Kind, das spielt, es *sei* die Mutter, hat doch immer eine Ahnung davon, dass es nicht die Mutter ist. Es kann das Spiel beenden und in die Realität zurückgelangen. Wenn dieser Modus aktiv ist,

können wir in der Behandlung mit den Patienten über ihre inneren Zustände nachdenken und z. B. die Übertragung als solche betrachten. Dieser Modus ist das Paradigma der klassischen Neurosen und erklärt das Phänomen der therapeutischen Ichspaltung, die für die klassische Behandlungstechnik unabdingbar ist.

Im vierten Lebensjahr werden die beiden Modi zum *Reflexionsmodus* integriert. Damit ist die Stufe der Mentalisierung endgültig erreicht. Sie kann allerdings in der Regression, z. B. unter Stress, wieder verlorengehen.

Zwischenbilanz

Mit der Unterscheidung zwischen prozeduralem und deklarativem Modus mentaler Funktionen als Ergebnis intersubjektiver Prozesse sind wir an einer zentralen Stelle dieser Vorlesung angelangt und halten kurz inne für eine Zwischenbilanz. Wir haben gesehen, dass der Fokus der Psychoanalyse sich im Laufe der Jahre deutlich verbreitert hat. Mit der Erweiterung des Indikationsspektrums in Richtung frühe und narzisstische Störungen wurde die Einpersonen-Perspektive der Trieb- und Ichpsychologie durch den Zweipersonen-Ansatz der Objektbeziehungs-und Selbstpsychologie erweitert und mehr und mehr ersetzt. Dabei wurde die reale Beziehung zwischen dem Säugling und seinen Pflegepersonen ein bedeutender Bezugspunkt, der eine rein intrapsychische Perspektive ablöste: Die Beziehung und später die Bezogenheit bilden nunmehr den Angelpunkt zwischen der inneren Welt und der äußeren Realität. Sie werden zu einem Raum, in dem Struktur sich bildet und das Selbst entfaltet wird, und zum Organisator der Selbstentwicklung.

Dabei ereignen sich die grundlegenden Prozesse der Selbstfindung in einer vorsprachlichen Entwicklungsperiode, in der es noch keine Begriffe gibt. Daher werden die Selbst-prägenden Beziehungsschicksale, die emotionalen Organisationsprinzipien, vornehmlich prozedural im impliziten Gedächtnis verinnerlicht und in Form von Grundüberzeugungen und archaischen Zuständen aktualisiert. Dieser Bereich der Erinnerung liegt jenseits der Grenzen der Freud'schen Redekur. Damit liegt der maßgebliche Wirkfaktor in der Behandlung der frühen und narzisstischen Störungen bei andere Techniken und Interventionsformen als dem Prinzip Deutung und Einsicht der klassischen Psychoanalyse. Wirksam ist vor allem ein **entwicklungsfördernder Umgang.** Was in der Behandlung geschieht, Intention und Haltung, die den Dialog tragen, und die zwischenmenschliche Atmosphäre werden in diesen Behandlungen wichtiger als der kognitive Gehalt. So verschiebt sich der Schwerpunkt auf prozedurale Faktoren im intersubjektiven Feld.

Ich werde diese Faktoren in den beiden nächsten Vorlesungen ausführlicher darstellen. An dieser Stelle möchte ich aber mit dem Hinweis schließen, dass das Prozedurale und das Deklarative, Prozess und Inhalt, sich in der konkreten Behandlungssituation ergänzen, so wie im täglichen Leben auch. Sie sind keine unvereinbaren Gegensätze. Die Kunst der analytischen Arbeit besteht heute zu einem großen Anteil darin, mit einer selbstkritischen Feinfühligkeit ausfindig zu machen, was für den betroffenen Patienten in der aktuellen Situation notwendig und hilfreich ist.

4. Vorlesung
Das intersubjektive Feld

»Was gesagt wird oder nicht gesagt wird, was geschieht oder nicht geschieht, alles ist eingebunden in ein intersubjektives System.«
Stolorow et al. (1996, S. 5)

In den vorangegangenen Vorlesungen haben wir gesehen, wie die Psychoanalyse sich im Verlauf von mehr als hundert Jahren aus dem cartesianischen Selbst-Objekt-Dualismus herausgelöst und sich mehr und mehr einer intersubjektiven Perspektive geöffnet hat. In dieser Perspektive steht die Beziehung und Bezogenheit zwischen zwei Subjekten im Vordergrund der Beobachtung. An die Stelle des Patienten als Objekt der Behandlung durch einen außenstehenden Therapeuten rückte mehr und mehr das analytische Paar, das in der Begegnung eine neue Wirklichkeit erschafft. Aus dieser Sicht ist die Entwicklung des Patienten in der Analyse das Ergebnis einer Begegnung, in der beide Beteiligte, Analysand und Analytiker, aufeinander Einfluss nehmen und sich in gewisser Weise auch verändern. So betrachtet, ist die intrapsychische Entwicklung des Patienten eine Funktion der Begegnung, die nicht ohne den Einschluss des Analytikers erreicht werden kann.

Wir bezeichnen den imaginären Raum, in dem sich eine solche Entwicklung vollzieht, in der Begrifflichkeit der Intersubjektivisten als **intersubjektives Feld**. Der Begriff wird von Atwood und Stolorow[119] als ein System definiert, das »durch unterschiedlich organisierte, reziprok interagierende subjektive Welten gebildet« wird. Mit der Bezeichnung »Feld« nehmen wir also einen systemischen Standpunkt ein. Er betrachtet das individuelle Verhalten als Ergebnis von Kräften, die aus dem Umfeld auf

---

119 Atwood GE, Stolorow RW (1984)

die Beteiligten einwirken. Dabei ist das subjektive Erleben der maßgebliche Faktor, der auch auf die Umgebung zurückwirkt.

> **Kasten 4.1: Psychologische Feldtheorien**
>
> Die psychologische Feldtheorie geht auf den Gestaltpsychologen **Kurt Lewin** (1890–1947) zurück, der auch als Gründer der Sozialpsychologie und der Gruppendynamik gilt. Sie besagt, dass Verhalten vom Kräfteverhältnis geformt wird, das sich aus den Interaktionen zwischen den Einzelnen und ihrem Umfeld ergibt. Verhalten ist dabei immer situationsbezogen, wobei es darauf ankommt, wie eine Situation subjektiv erlebt wird.
>
> In die Psychoanalyse fand die Feldtheorie durch **Madelaine Baranger** (geb. 1920) und **Willy Baranger** (1922–1994)[120] Eingang, zwei Analytiker französischen Ursprungs, die ihre Arbeiten unter dem Einfluss der Kleinianischen Schule im Wesentlichen in Argentinien verfassten. Sie fanden zu einer psychoanalytischen Interpretation der Feldtheorie von Kurt Lewin und vertraten dabei – am Beispiel des Zuhörens – bereits eine explizit intersubjektive Position: Es gibt danach keine Wahrnehmung ohne Objekt bzw. ohne ein anderes Subjekt.[121] Das »dynamische analytische Feld« ist damit mehr als die Summe seiner Komponenten. Es ist ein Drittes, das im Unbewussten der Beteiligten wurzelt. Seine Komponenten sind der Rahmen, der darin stattfindende Dialog und die unbewusste Phantasie, die dem Dialog zu Grunde liegt.
>
> In diesem Sinne wurde der Begriff »intersubjektives Feld« auch von **Robert Stolorow** und **Georges Atwood** (s. oben) in den intersubjektiven Ansatz übernommen. Sie richteten ihr Augenmerk vor allem auf die gegenseitige Einflussnahme während der Entwicklung im analytischen Prozess. Dabei beschreiben sie die Selbstentwicklung und die Veränderung des Selbst aller Beteiligten als Ko-Konstruktion. Damit nahmen sie Abstand vom Konzept einer überdauernden Selbst-Struktur, wie sie von Kohut in der Selbstpsychologie zu Grunde gelegt wurde.

---

120 Baranger W, Baranger M (2009)
121 »There is no such thing as perception without an object, or without another subject.« Baranger M (1993)

> »Was gesagt wird oder nicht gesagt wird, was geschieht oder nicht geschieht, alles ist eingebunden in ein intersubjektives System«[122].
> In Anlehnung an J. und J. Baranger hat in neuerer Zeit der Italiener **Antonino Ferro** (geb. 1947) ein Konzept des »bipersonalen Feldes« entwickelt.[123] Dabei rückte er ebenfalls die Intersubjektivität ins Zentrum. Ferro stützt sich auf die Theorie des Denkens von Wilfred Bion und beschreibt die analytische Dyade als ein potentielles Feld wechselseitiger Projektionen. »Die Struktur dieses Feldes wird durch das psychische Leben zweier Personen und durch wechselseitige projektive Identifizierungen bestimmt, die zwischen Analytiker und Patient ausgetauscht werden.« (S. 47)

In diesem Kapitel werde ich zunächst beschreiben, wie das intersubjektive Feld in der Analyse entsteht und wodurch es charakterisiert wird. Im zweiten Teil werde ich die Arbeit im intersubjektiven Feld beschreiben, d. h., ich werde darstellen, wie der therapeutische Prozess sich zwischen den beiden Beteiligten entfaltet und welche Chancen für Veränderungen sich dabei ergeben.

Konstitutive Faktoren des intersubjektiven Feldes

Wenn zwei Menschen sich begegnen, folgen sie einer unerlässlichen Bedingung ihrer Existenz als primär soziales Wesen: Sie folgen ihrem urtümlichen **Bedürfnis nach Bindung und Kommunikation** und nehmen dadurch Einfluss aufeinander. Wie wir im Zusammenhang mit der Bindungs- und Säuglingsforschung gesehen haben, dient das Bindungsverhalten bei Säuglingen der Selbstfindung und dem Selbsterhalt.

---

122 Stolorow RD et al. (1987), dt. 1996, S. 5
123 Ferro A (2003).

Bei Erwachsenen kommen in der Begegnung bewusst und unbewusst Haltungen und Einstellungen, Erwartungen und Zielvorstellungen, Hoffnungen und Ängste, Rollenvorgaben und vieles mehr zum Tragen. Sie wirken auf den Anderen und rufen Reaktionen hervor. Sie schaffen dadurch eine komplexe Situation der Bezogenheit.

In der konkreten Begegnung erzeugen bereits die Erscheinung und das Auftreten einen ersten Eindruck im bzw. vom Anderen. Mit dem Verhalten und Mitteilungen werden Reaktionen im Anderen induziert. So entfaltet sich von Anbeginn ein **bipersonales Feld**, das durch die nachfolgenden Interaktionen ausgearbeitet und weiterentwickelt wird. Neben manifesten Verhaltensweisen kommt dabei vor allem die unbewusste Kommunikation zum Tragen, die wir in der 2. Vorlesung als Mechanismus der projektiven Identifikation und in der 3. Vorlesung als Resonanzphänomen beschrieben haben.

Diese komplexen Vorgänge sind nur als System zu begreifen, in dem die verschiedenen Wirkfaktoren wechselseitig aufeinander einwirken und das Ergebnis erschaffen.

Die Behandlungssituation

Wenn man diese Vorstellung auf die Begegnung in der Behandlung überträgt, dann ist auch die psychoanalytische Situation ein solches Feld. Es ist durch drei spezifische Merkmale gekennzeichnet: die Bipersonalität, die Wechselseitigkeit der Einflussnahme und die Tatsache, dass das Feld sich je nach Kontext beständig verändert.[124]

In diesem Feld entsteht ein unbewusstes Zusammenspiel der Subjektivität von Patient und Therapeut. Beide Beteiligte halten dabei ihr Selbstgefühl aufrecht, indem sie den Anderen auf mehr oder weniger bewusste, ja – zumeist auf unbewusste Weise kontrollieren und im Sinne ihrer mitgebrachten Organisationsmuster zu verändern suchen. Sie nehmen dazu mit Mitteln der unbewussten Kommunikation Einfluss.

---

124 Jaenicke C (2010).

> **Kasten 4.2: Konstitutive Faktoren des intersubjektiven Feldes**
>
> - *Die Bipersonalität:* Das Feld wird grundsätzlich von beiden Beteiligten getragen und geprägt.
> - *Die Wechselseitigkeit:* Die Beteiligten stehen in einem beständigen Prozess der gegenseitigen zumeist unbewussten Einflussnahme. Jeder der Teilnehmer erfährt dadurch Veränderungen in sich selbst.
> - *Die Kontextabhängigkeit:* Das Feld unterliegt einer fortlaufenden Veränderung je nach den Bedingungen, unter denen die Begegnung stattfindet. Das Ergebnis wird zwischen den Beteiligten beständig neu ausgehandelt.

In der Behandlung ist die Intersubjektivität das Medium, in dem der Prozess sich entfaltet. Wir sprechen daher von der psychoanalytischen Situation als einem intersubjektiven Feld und können den analytischen Prozess als wechselseitige Einflussnahme im intersubjektiven Feld betrachten. Die Intersubjektivität ist dabei allerdings keine spezifische Strategie. Sie stellt sich vielmehr als Bedingung der sozialen Grundkonstitution des Menschseins in jeder Begegnung ein. In der Psychoanalyse wird sie besonders reflektiert und für das Verständnis des Prozesses und für Veränderungen nutzbar gemacht.

Die intersubjektive Übertragungsmatrix

Selbstverständlich steht bei einer intersubjektiven Betrachtung des analytischen Prozesses die Subjektivität des Patienten, d. h. seine innere Welt, sein Erleben und Verhalten, seine Geschichte, seine Gegenwart und Zukunft als Gegenstand der Behandlung ganz im Zentrum. Seine Veränderung ist das Ziel des Behandlungsprojekts. Er steht im Fokus der Aufmerksamkeit.

Das bedeutet aber nicht, dass die Subjektivität des Therapeuten, sein Verhalten, seine Innenwelt und seine Geschichte bedeutungslos wären. Im Gegenteil: Seine Wahrnehmungen, sein Verständnis und seine Empathie bestimmen darüber, wie er mit dem Patienten umgeht, worauf er sein

Augenmerk lenkt, welche Auswahl er aus dem Material einer Stunde trifft oder was er auslässt und wie er es kommentiert oder deutet. Auf diese Weise ist er aktiver **Mitgestalter** des Prozesses.[125] Dabei kommen die bewussten und unbewussten Vorerfahrungen zum Tragen, die seine Persönlichkeit geprägt haben und die in den Begegnungen mit seinen Patienten in ihm wiederbelebt werden.

Hier kommen also die Gegenwart und die Geschichte der beiden Akteure ins Spiel: als Übertragungen und Gegenübertragungen und als Widerstände gegen diese Übertragungsdynamik.

Ein angemessenes Verständnis für diese Dynamik kann aus heutiger Sicht nur entwickelt werden, wenn man verschiedene Komponenten der Übertragung in einem interpersonellen Prozess in Betracht zieht. Dabei muss man anerkennen, dass selbstverständlich auch der Analytiker seine Geschichte und seine Gegenwart als Übertragung auf den Patienten in die Beziehung einbringt und dass auch der Patient mit einer Gegenübertragung auf den Analytiker reagieren kann. Die verschiedenen dynamischen Komponenten stehen ineiner wechselseitigen Beziehung zueinander und bilden eine unbewusste **Matrix**.

Kasten 4.3: Dynamische Beziehungskomponenten im intersubjektiven Feld

- *Die Übertragung des Patienten* als mitgebrachtes Organisationsmuster für das Erleben in der Behandlung
- *Die Gegenübertragung*, mit der der Analytiker darauf reagiert und antwortet
- *Die Eigenübertragung des Analytikers*, die durch den Patienten in ihm angestoßen wird
- *Die Gegenübertragung des Patienten* auf die Eigenübertragung des Analytikers

---

Meistens ist es kaum möglich, zwischen Eigenübertragung und Gegenübertragung klar zu unterscheiden. Selbst wenn man zugesteht, dass die

---

125 Thomä H (1981)

Gegenübertragung ein Produkt im Anderen ist, so ist das Material, aus dem sie geformt wird, also die in ihm erweckten Einstellungen, Phantasien und Gefühle, doch immer das seine und bei konsequenter Untersuchung mehrfach determiniert: durch die aktuelle Begegnung *und* durch die persönliche Geschichte und ihre Folgen. Letztlich bilden die Elemente der Übertragungsmatrix eine dynamische Einheit[126]. Aber wo ist die Henne, wo das Ei? Da es schwierig ist zu entscheiden, von wem die Dynamik ausgeht und wer »nur« reagiert, spreche ich von einer **intersubjektiven Übertragung**. Genauer müsste es heißen: eine intersubjektive Übertragungsmatrix, um das Gemenge der einzelnen Elemente zu betonen.

Die Asymmetrie des Feldes

Die Tatsache der Bipersonalität und Wechselseitigkeit schließt selbstverständlich nicht aus, dass die Beteiligten in der Behandlungssituation unterschiedliche Funktionen haben und verschiedenen Rollenvorgaben folgen. Die Differenz zwischen der Patientenrolle und der Therapeutenrolle wird dadurch nicht aufgehoben. Der Therapeut hat eine besondere Verantwortung für die Behandlung und eine besondere berufliche Kompetenz, den Prozess zu führen. Dadurch ergibt sich eine **Asymmetrie in der Struktur** der analytischen Situation. Diese nimmt natürlich Einfluss auf die Beziehungs- und Prozessgestaltung. Der grundsätzlichen gleichrangigen Beteiligung beider Subjektivitäten an der Begegnung, also der **Symmetrie der Inhalte**, tut das aber keinen Abbruch.

Die Intersubjektivisten haben mit dem Anspruch, eine »demokratische Sicht des psychoanalytischen Prozesses«[127] zu vertreten, einige Verwirrung gestiftet. Dieser Anspruch muss so verstanden werden, dass der Therapeut sich aus der Position des außenstehenden oder sogar überlegenen Beobachters herausbegibt und sich als Mitgestalter des Prozesses begreift. Die strukturelle Asymmetrie der Beziehung wird dadurch nicht aufgehoben. Selbst wenn man heute, auch durch den Einfluss des intersubjektiven Ansatzes, zu einer größeren Freiheit in der Handhabung der analytischen

---

126 Körner J (1990)
127 Benjamin J (2004)

Situation gelangt ist als früher (vgl. unten: die Neukonzeption des Abstinenzkonzeptes), bleibt der Unterschied in den Rollen der Beteiligten doch bestehen.

Arbeiten im intersubjektiven Feld

Der Behandlungsprozess als Ko-Konstruktion

Die intersubjektive Sicht hat zu einer Neuinterpretation des psychoanalytischen Prozesses geführt. Galt in der klassischen Psychoanalyse die Einsicht durch Deutung intrapsychischer Konflikte entlang der intrinsischen Entwicklung von Übertragung (des Patienten) und Widerstand als das entscheidende Agens für Veränderungen, so steht heute die Beziehungsarbeit an erster Stelle, wenn es um die Frage geht, wie Psychoanalyse hilft. Der psychoanalytische Prozess erscheint dabei als ein gemeinsames Werkstück, eine Ko-Konstruktion, die zwischen den beiden Beteiligten immer wieder neu ausgehandelt wird. Was ist damit gemeint?

Ko-Konstruktion bedeutet, dass der Inhalt der Behandlung, ihre Weiterentwicklung, Fortschritte und Stagnationen und schließlich das Gelingen oder Krisen oder das Scheitern das Ergebnis von bewussten und unbewussten Interaktionen darstellt. Was zur Sprache kommt, was aufgegriffen wird, wie darüber gesprochen wird, wie das »Material« aufgenommen, ertragen und verarbeitet wird – all das ist abhängig von den Einstellungen, welche sich zwischen beiden entwickeln, im Wesentlichen also von der intersubjektiven Übertragungsdynamik, die sich zwischen beiden entfaltet.

Das hat praktische Konsequenzen: Der Einfluss des Psychoanalytikers auf den Prozess und die Entwicklung des Patienten beschränkt sich nicht auf seine Deutungsarbeit. Er ist viel umfassender, indem der Analytiker er nicht nur eine reflektierende Haltung einnimmt, sondern sich als Mitgestalter in den Prozess einbringt. Im intersubjektiven Feld, so das Konzept, kann er sich gar nicht aus der Beziehung heraushalten, die er dem Patienten anbietet, und auch nicht aus den unbewussten Prozessen, die dabei in ihm selbst ausgelöst werden.

Die Verfügbarkeit des Analytikers als Selbstobjekt

Der Angelpunkt für das Gelingen oder Misslingen des analytischen Projektes ist deshalb die Frage, ob und in welchem Ausmaß der Analytiker seinen Patienten so annehmen kann, dass er sich empathisch und vorbehaltlos in dessen Gefühls- und Erlebniswelt einfühlen kann. Nur so wird er in der Lage sein, den Patienten zu spiegeln. Nur so wird er sich zur Verfügung stellen können, um sich als Objekt verwenden zu lassen, an dem der Patient wachsen und reifen kann. Nur so wird er geeignet sein, die Funktion als Selbstobjekt genügend wahrzunehmen, die sich zumeist als Basisübertragung im analytischen Prozess entwickelt – das unbewusste Bedürfnis nämlich nach einem Begleiter bei der Nachentwicklung der Persönlichkeitsorganisation.

Man kann auch kurz sagen: Der Effekt der Behandlung ist im Wesentlichen eine Funktion der Verfügbarkeit des Analytikers als Selbstobjekt. Wenn sie gelingt und nicht durch unentdeckte oder unbeherrschbare Übertragungen auf seiner Seite beeinträchtigt wird, können neue Erfahrungen auftauchen und alte Interaktionsmuster relativieren. Das kann im Dialog über das gemeinsam Erlebte auch bewirken, dass die früheren Beziehungserfahrungen bewusster erlebt und verändert werden.

Damit verlagert sich ein bedeutender Teil der analytischen Arbeit auf die Introspektion des Analytikers, d. h. im Wesentlichen auf die **Selbstanalyse** seiner Übertragungen. Freud[128] hatte seinen Schülern ursprünglich die Aufgabe gestellt, ihre Gegenübertragung zu bewältigen. Diese Auffassung wurde mit der Entdeckung des diagnostischen Wertes der Gegenübertragung als Abbild der inneren Welt der Patienten[129] unmodern. Heute erkennen wir, dass der Behandlungserfolg zu einem großen Teil davon abhängt, ob es dem Analytiker gelingt, sich so weit durch seine Übertragungen durchzuarbeiten, dass er für seine Patienten eine offene Position

---

128 Freud S (1910)
129 Heimann P (1950)

erlangen bzw. zurückgewinnen kann.[130] Ein bedeutender Teil der Analyse spielt sich aus heutiger Sicht daher im Analytiker ab.

Die veränderte Auffassung der Beteiligung des Analytikers an der Prozessgestaltung zeigt den Einfluss der Objektbeziehungs- und Selbstpsychologie von Balint, Bion, Winnicott und Kohut, aber auch der Kleinkindforschung. Wir haben heute begriffen, dass sich das Selbst auch in der Behandlung am realen Anderen formt bzw. neu organisiert und dass sich dabei Einfühlung und Kontingenz der Resonanz sowie Anerkennung und Konstanz in der therapeutischen Alltagsbeziehung maßgeblich auf die Entwicklung auswirken.

Diese Erkenntnisse haben dazu geführt, dass wir heute in der Behandlung Veränderung vor allem durch Einwirkung auf das **prozedurale Beziehungswissen** erwarten. Das gilt vor allem für Patienten, die in ihrer basalen Persönlichkeitsentwicklung beeinträchtigt sind und unter sogenannten frühen und narzisstischen Störungen leiden. Aber auch für die Behandlung der Konfliktpathologie klassischer Neurosen erweist sich, dass Deutungsarbeit umso eher eine positive Wirkung entfaltet, je mehr sie in eine hilfreiche Beziehung eingebunden ist.[131]

Transformationen im Prozess

Wie kommen nun Veränderungen aus der Sicht der Intersubjektivität zu Stande? Die zentrale verändernde Funktion besteht in der Umgestaltung der emotionalen Organisationsmuster und des Selbstkonzeptes als Ergebnis einer Neuerfahrung am Anderen im analytischen Prozess. Das bedeutet konkret, dass der Patient aufhört, sich unbewusst nur aus der Sicht seiner prägenden frühen Interaktionen zu betrachten oder diese zu wiederholen, und beginnt, sich mit der Perspektive des Therapeuten zu identifizieren.

---

130 Joseph B (1985)
131 Ermann M (1993)

Empathie, Introspektion und Spiegeln

Bei einer hinreichenden **Empathie** des Therapeuten kann sich auf diese Weise ein erweitertes Selbstkonzept im Patienten entwickeln. Empathie bedeutet dabei nicht etwa »lieb sein«. Sie bedeutet, die unbewussten Anteile des Patienten zu erfassen, anzuerkennen und damit konstruktiv umzugehen. Was konstruktiv ist, richtet sich nach dem Entwicklungsniveau. Bei frühen Störungen wird der handelnde Umgang einen bedeutenden Schwerpunkt der Arbeit ausmachen und über Neuerfahrungen am Analytiker zu einer Umorganisation des prozeduralen Unbewussten anregen, während bei reiferen neurotischen Störungen die Analyse des Materials im gemeinsamen Dialog im Zentrum steht.

So kann der Patient begreifen, dass die Dinge nicht einfach nur so sind, wie sie sich aus seinem subjektiven Erleben darstellen, sondern auch so, wie sie vom anderen erlebt und gesehen werden. Dieser Prozess nimmt Einfluss auf seine *Theory of Mind* und die Mentalisierung, über die in der 3. Vorlesung gesprochen wurde. Mit anderen Worten: Er kann sein Selbstbild und seine Sicht des anderen dezentrieren und sich mit verschiedenen Facetten seines Seins neu im Analytiker wiederfinden.

Indem der Analytiker sich also empathisch in den Patienten hineinversetzt, kann er ihn spiegeln und ihm ein umfassenderes Bild seines Selbst vermitteln, als dieser es bisher in seiner Pathologie wahrnehmen konnte. Das Spiegeln geschieht dabei im gemeinsamen Nachdenken über das Material einer Stunde. Das können Themen sein, die der Patient mitbringt, Einfälle über das Selbstbild und Beziehungen oder über Erfahrungen aus dem Alltag, Träume und Erinnerungen, aber auch Enactments und Szenen, die zwischen beiden entstehen, oder gelegentlich auch Eindrücke, die der Therapeut von sich aus thematisiert, oder ein Verhalten, das von ihm ausgeht. »Material« ist, was auch immer implizit oder explizit auf der averbalen und auf der verbalen Ebene in der Stunde geschieht.

In diesem Prozess kommt die von Bion beschriebene **Alphafunktion**[132] zum Tragen, die unser Verständnis für Transformationen im intersubjektiven Feld nachhaltig bereichert. Im Idealfall entsteht ein Zustand der *Rêverie*, wie Bion es nannte, eine träumerische Versunkenheit »ohne Er-

---

132 2. Vorlesung

innerung und Absicht«. Der Analytiker steht dabei, zumeist vorbewusst, im Kontakt mit eigenen Erfahrungen, Phantasien und Gefühlen, die in ihm als Teilnehmer an der Interaktion und als Zuhörer aufgerufen werden. Indem er das »Material« des Patienten mit Wahrnehmungen aus seiner Innenwelt verbindet, gestaltet er es um. Es wird also um ein Geringes verändert sein, wenn er es in seiner Haltung und in seinen Interventionen zurückspiegelt.

Ich kann also die Verstimmung und Verzweiflung meiner Patientin aufgreifen und mit meiner Erfahrung verknüpfen, dass wir schon andere, schwerere Krisen miteinander bewältigt haben. Sofern ich mich zunächst aber auf die Verzweiflung eingelassen habe und sie in mir gearbeitet hat, wird meine Zuversicht meine nachfolgenden Interventionen »färben«, auch wenn ich nicht ausdrücklich darüber spreche.

Spielen mit dem Material

Diese Art des Zurückspiegelns geschieht zumeist nicht in großartigen Deutungen, sondern in kleinen Schritten, wofür ich gern die Metapher »Spielen mit dem Material« verwende. Damit meine ich einen schöpferischen Prozess des Nachspürens und Nachsinnens. Er geht vom Material einer Stunde aus, d. h. von dem, was immer in der Behandlung zum Tragen kommt oder zum Thema wird. Dazu werden nun Gedanken geäußert, Gefühle mitgeteilt, Erinnerungen gesammelt, wobei die Mitteilungen des Patienten Vorrang haben. Aber auch der Therapeut beteiligt sich aktiv mit Fragen, eigenen Ideen und Kommentaren, die in der Begegnung in ihm entstehen, und beschreibt gelegentlich sogar die Vorstellungen und Wahrnehmungen, die das Material in ihm hervorruft.

Für dieses Sammeln, Vertiefen, Auswerten benutze ich gern das Bild eines Ballspiels oder eines Tanzes. Es ist ein Phänomen im imaginären Raum, der zwischen den beiden Beteiligten entsteht, der sie als zwei Subjekte verbindet und zugleich voneinander trennt, ein Übergangsphänomen im Sinne von Winnicott[133]. Es ist offensichtlich, dass dieses Spielen

---

133 Winnicott DW (1951)

mit dem Material in der Übertragungsmatrix des intersubjektiven Feldes seine Wurzeln hat und von dieser getragen wird.

Mit dem gemeinsamen Nachsinnen entsteht die Frage nach der optimalen Distanz – eine Herausforderung für die Feinfühligkeit des Analytikers. Hierzu haben Peter Fonagy[134] und seine Mitarbeiter beschrieben, dass in der kindlichen Entwicklung für die Mentalisierung eine geringe Differenz zwischen den erlebten seelischen Zuständen und ihrer interaktionellen Spiegelung erforderlich ist, damit sich das Kind seines Erlebens bewusst werden kann. Sie nennen das **Markierung** des klinischen Materials. Man muss annehmen, dass auch in der Behandlung eine gewissen Diskrepanz zwischen dem, was wahrgenommen wird, und dem, was gespiegelt wird, erforderlich ist, um eine günstige Distanz zu schaffen.

- *Wenn der Analytiker zu nah am Patienten ist,* wird der Unterschied zwischen beiden verschwimmen und der Patient ohne therapeutischen Gewinn in der Verschmelzung verharren. Das geschieht, wenn beide in eine Übertragungskollusion geraten, die nicht erkannt wird und nicht aufgelöst werden kann, und die Einfühlung in sich selbst nicht mehr von der in den Patienten unterschieden werden kann.
- *Wenn der Abstand hingegen zu groß wird,* kann der Patient die Position des Analytikers nicht assimilieren. Sie bleibt ihm fremd und erweckt Angst und Widerstand, die analysiert werden müssen, damit der Prozess wieder voranschreiten kann. Man kann diese Konstellation beobachten, wenn der Analytiker einen Widerstand entwickelt, weil der Patient unerträgliche Eigenübertragungen in ihm wachruft, die seine Empathie lähmen.

Deutung und Beziehungsarbeit

Welchen Stellenwert und welche Funktion haben Deutungen im intersubjektiven Ansatz?

Nach allem, was hier bislang über die Behandlungsstrategie aus intersubjektiver Sicht gesagt wurde, ist es verständlich, dass die klassische

---

134 Fonagy P et al. (2002)

Deutung mit dem Ziel, unbewusste Motivationen und Konflikte aufzudecken, im intersubektiven Ansatz eine nachrangige Funktion hat. Das gilt vor allem für die überwiegende Zahl von Patienten, die nicht mit typischen klassischen Neurosen in die Behandlung kommen, sondern mit frühen und narzisstischen Störungen. Bei ihnen sind Neuerfahrung und Umorganisation des prozeduralen Unbewussten, d. h. des nie »gewussten« Wissens über das Selbst und Beziehungen, wichtiger als die Einsicht.

In diesem Zusammenhang ist es bedeutsam, dass diese Erfahrungen als **archaisches Selbst** körperlich-affektiv repräsentiert sind und noch keine semantische Struktur haben. Ein wichtiger Bestandteil des archaischen Selbst ist körperliches und affektives Erleben, das keine mentale Repräsentation hat. Erst in der späteren Entwicklung, vor allem mit der Sprachentwicklung, kommen körper- und affektfernere Erlebensweisen hinzu.[135] Daraus ergibt sich die therapeutisch wichtige Aufgabe, bei frühen Störungen Einfluss auf die archaischen Selbstzustände zu nehmen, welche die Entwicklung zum Stillstand gebracht haben, und neue Beziehungserfahrungen zu ermöglichen. Man kann auch sagen: Es gilt, archaische Selbstzustände zu integrieren und in letzter Konsequenz zu »begreifen«, d. h., Begriffe dafür zu finden.

Diese Prozesse spielen sich in der Behandlung zunächst als ein spontaner nonverbaler Austausch zumeist auf der Handlungsebene oder auf der Ebene eines nonverbalen Affektaustausches ab. Der Frankfurter Analytiker Rolf Klüwer[136] hat dafür den Begriff Handlungsdialog geprägt, der das inzwischen überholte Konzept von Agieren und Mitagieren abgelöst hat. Dieses war vor dem Hintergrund des damaligen Widerstandskonzepts mit vielerlei Vorurteilen behaftet. Um zu betonen, dass es sich um nichtreflektiertes Verhalten handelt, das überwiegend aus dem prozeduralen Unbewussten stammt, wird heute bevorzugt der amerikanische Begriff **Enactment**[137] (verdeutscht: Inszenierung) verwendet.

Die bedeutsamen therapeutischen Mittel dazu lassen sich mit dem Begriff des fördernden Umgangs mit der Beziehung[138] zusammenfassen.

---

135 Vgl. Daniel Sterns Konzept der Entwicklung des Selbst in der 3. Vorlesung.
136 Klüwer R (1983)
137 McLaughlin T (1991)
138 Will H (2001)

Damit soll beschrieben werden, dass diese Techniken sich im Kontext einer analytischen Therapie im Allgemeinen zwar der Sprache bedienen, dass die maßgebliche Wirkung jedoch von der impliziten nichtsprachlichen Funktion ausgeht, die darin enthalten ist. Diese wird durch den Zeitpunkt des Sprechens, durch die Direktheit und vor allem durch die Haltungen und Einstellungen, von denen die Mitteilungen getragen werden, vermittelt. So kann eine Intervention Anerkennung, Bestätigung oder Ablehnung und Kränkung vermitteln. Sie kann der Kontaktaufnahme dienen oder, wenn eine sprachliche Reaktion ausbleibt, einen Kontaktabbruch signalisieren. Dabei ist Sprache in die Fülle paraverbaler Kommunikation eingebettet, d. h. in Mimik, Stimmklang oder paraverbale Äußerungen wie Seufzen oder Lachen. Erst das Gesamt der sensorischen und kommunikativen Information, die vermittelt wird, macht die Funktion und Wirkung von Interventionen aus.

Der therapeutische Umgang mit Enactments erfordert die Bereitschaft des Analytikers, sich für die Inszenierung proceduraler Übertragungen verwenden zu lassen und anzuerkennen, dass Verwicklungen eine unvermeidliche Voraussetzung für eine erfolgreiche Behandlung sind. Verstrickungen sind unausweichlich und keine Katastrophe, sofern eine kritische selbstreflexive Haltung bestehen bleibt oder zurückgewonnen werden kann. Beide darin enthaltenen Elemente, das Agieren des Patienten und das Mitagieren des Therapeuten, dienen letztlich der Selbstregulation.

Um diese Prozesse therapeutisch nutzbar werden zu lassen, bedarf es allerdings einer Offenheit, mit dem Patienten zusammen neue Erfahrungen zu machen. Diese kann dadurch gewonnen werden, dass es gelingt, über die gemeinsame Szene nachzudenken, die durch das Enactment hergestellt wird, und sie letztlich in Worte zu fassen. Das ist keine Deutung im eigentlichen Sinne, sondern eine strategische Intervention mit dem Ziel, das zunächst Agierte zu »begreifen«, d. h., Begriffe dafür zu finden. Mit anderen Worten: Es geht darum, Inhalte der proceduralen Übertragung zu integrieren und auf eine höhere Ebene der Selbstentwicklung zu heben und dadurch neue Wege zu eröffnen.

Strategische Interventionen bewegen sich zunächst auf der deskriptiven Ebene, die häufig von Gegenübertragungswahrnehmungen des Analytikers ausgehen: »Unsere Situation erinnert mich daran, wie ... – Können Sie damit etwas anfangen?« Dadurch kann man ein Spielen mit dem Material anregen, in dem Einfälle gesammelt und auf einen roten Faden hin strukturiert werden. Affekte werden dabei besonders beachtet und durch Nachfragen und Assoziationen angereichert. Oft gelingt es, den Bezug zu einem aktuellen Kontext herzustellen, z. B. zu einer bevorstehenden Trennung, zu einem Wunsch nach Schutz oder Anerkennung oder zu einer Unachtsamkeit oder Kränkung in einer der vorangehenden Stunden. Damit hat man das Ziel, die Szene in Bezug auf ihren aktualgenetischen Kontext zu klären und begrifflich zu erfassen, bereits erreicht. Ich verspreche mir die stärkste Wirkung davon anzuerkennen, dass und wie ich als Analytiker daran beteiligt bin. Das kann im Allgemeinen ausreichen, um die erwünschte Neuerfahrung anzuregen.

In einem weiteren Schritt kann es allerdings nützlich sein, auch einen biographischen Bezug zu konstruieren: »Ich kann mir vorstellen, dass damit ein Grundgefühl von Ihnen lebendig geworden ist, das aus der Zeit stammt, als Sie gleich nach Ihrer Geburt im Brutkasten sich verloren gefühlt und Zustände tiefer Einsamkeit erfahren haben.« Allerdings würde ich solche Interventionen, wenn überhaupt, erst in einer späten Phase der Analyse anschließen.

Ich betone abschließend, dass der therapeutisch förderliche Umgang mit der Beziehung ein bedeutsames Element in jeder Behandlung ist. Ohne Respekt, Wertschätzung, Zuwendung, Unvoreingenommenheit usw. wird man in der Psychotherapie keinen Erfolg erzielen. Während er bei klassischen Neurosen eine Voraussetzung für eine wirkungsvolle Analyse ist, stellt er in der Behandlung von Störungen, die vorrangig im proceduralen Unbewussten wurzeln, das Spezifikum dar. Gemeint sind die frühen Störungen vom Borderline-Typ und die narzisstischen Störungen in ihren vielfältigen klinischen Erscheinungsformen. Bei ihnen ist der fördernde Umgang das maßgebliche Agens für die Selbstentwicklung und die Strukturbildung. Er erfüllt bei diesen Patienten nachträglich Selbstobjekt-Funktionen, deren Störung nach der Auffassung der Intersubjektivisten den Kern ihrer Pathologie ausmachen.

Klärung des intersubjektiven Unbewussten

Das Zusammenspiel von Ich und Du und die Überschneidung im Wir im intersubjektiven Feld ist auch ein Bezugspunkt für die Beobachtung des Prozesses. Dabei ist zu bedenken, dass die Bipersonalität, die Begegnung der beiden Unbewussten und die gegenseitige Einflussnahme, etwas Neues hervorbringt, so wie die Aneinanderreihung von Tönen eine Melodie erschafft. Es ist ein Drittes, das zunächst ebenfalls unbewusst bleibt. Wir nennen es das **intersubjektive Unbewusste.** Es ist die eigentliche Ko-Konstruktion in der Begegnung: Die übergeordnete Dimension der Übertragungsdynamik, die aus der Begegnung im intersubjektiven Feld entsteht und die Bezogenheit beeinflusst. Einerseits wurzelt dieses in den individuellen Unbewussten von Patient und Analytiker, andererseits nimmt es auf die individuellen Übertragungen und Gegenübertragungen im intersubjektiven Feld Einfluss.[139]

Auch wenn das Ziel der Behandlung der Einzelne ist, der »Versuch, gemeinsam zu verstehen, wie das emotionale Erleben organisiert ist«, ist es dazu hilfreich, im Prozess das intersubjektive Unbewusste als gemeinsames Werkstück zu konstruieren, aufzudecken und zu bearbeiten. Denn wir tun das, »indem wir die intersubjektiv konfigurierte Erfahrung zu klären versuchen«.[140] Hier ähnelt der intersubjektive Ansatz der Gruppenanalyse, die das gemeinsame Gruppenunbewusste dezidiert zum Gegenstand macht und thematisiert.

Wenn der Prozess stagniert, mache ich zum Beispiel Bemerkungen wie: »Heute scheint es darum zu gehen, wie nahe man sich eigentlich kommen kann, wenn man so lange vertraut miteinander ist wie wir.« Oder: »Es ist jetzt viel Angst im Raum.« Oder: »Wir scheinen uns heute gar nicht miteinander verstehen zu wollen.« Solche Bemerkungen benennen das unbewusste gemeinsame Thema, an dem beide, Patient und Therapeut, im intersubjektiven Feld irgendwie beteiligt sind. Wie, das zu klären ist dann eine Aufgabe des »Spielens mit dem Material«, das sich an solche Interventionen anschließt.

---

139 Barranger M (1993)
140 Orange DM (1995)

Chris Jaenicke schreibt in seinem Buch *Veränderungen in der Psychoanalyse*[141]: »Wir versuchen, die Überschneidung zweier Subjektivitäten aufzuklären, zu deuten und zu transformieren. Ich spreche hier vom Wandel unseres Psychotherapieverständnisses ... [hin] zur Untersuchung des Feldes. Es geht nicht um ›dich oder mich‹, sondern um ›uns‹.«

Die therapeutische Haltung

Wenn man den analytischen Prozess als eine Ko-Konstruktion in einem gemeinsam erschaffenen Feld betrachtet und die Psychoanalyse als dialogischen Versuch darüber, dann hat das Auswirkungen auf die therapeutische Haltung. Sie erfordert dann nicht nur Offenheit und Empathie für den Patienten, sondern die Bereitschaft, sich unbefangen dem Geschehen im Feld auszusetzen und seine Beteiligung zu erfassen. Auf diese Weise kann man sie ergründen und für das Verständnis im Dialog nutzen. Empathie und Introspektion und eine konsequent **explorative Haltung** sind daher die bedeutendsten therapeutischen Instrumente im intersubjektiven Feld.[142]

Den Unterschied gegenüber der herkömmlichen therapeutischen Haltung charakterisieren Orange u. a. folgendermaßen: Es ist eine Haltung, »die davon ausgeht, dass wir uns nicht in das Erleben eines anderen hineinversetzen oder -versenken, sondern dass wir uns ihm im intersubjektiven Raum anschließen.«[143] Jürgen Körner hatte diese Art, sich in die Übertragung hineinziehen zu lassen, im Sinne, als er in einer wichtigen Arbeit von der »Arbeit *in* der Übertragung« sprach.[144]

Das wird aber nur gelingen, wenn wir ohne Vorannahmen darüber in den Prozess hineingehen, was geschehen wird oder geschehen soll. Die freie Interaktion – ob auf der verbalen Ebene als Assoziation oder auf der subsymbolischen als Enactment – ist die Voraussetzung dafür, dass ein therapeutisch nutzbares intersubjektives Feld entsteht. Ebenso wird der

---

141 Jaenicke C (2010)
142 Diese Grundeinstellung geht auf Kohut (1977) zurück.
143 Orange DW et al. (1997) sprechen u. a. von eigener emotionaler Geschichte und psychischer Organisation, dt. S. 19.
144 Körner J (1989)

dialogische Austausch darüber nur gelingen, wenn beide ihre Beiträge gleichermaßen einbringen und die traditionelle Hierarchie zwischen dem unwissenden Patienten und dem wissenden Therapeuten aufgeben. Das soll mit der Metapher des gemeinsamen Spielens angedeutet werden.

Damit empfiehlt der Intersubjektivismus dem Therapeuten eine Haltung, in der er konsequent die Bedeutungen der Äußerungen seiner Patienten in ihrem intersubjektiven Bezugsrahmen ergründet. So entsteht auf Dauer Vertrauen, verstanden zu werden, wodurch die abgespaltenen unverstandenen Seiten im Patienten wiederbelebt werden. Das regt neue Entwicklungsschritte an.

Neukonzeption der Abstinenz

Wenn man ergründen will, wie man als Therapeut in einen intersubjektiven Prozess involviert ist, sind technische Regeln hinderlich. Sie sollen im Allgemeinen gerade den Einfluss der Subjektivität des Behandlers auf den Prozess verhindern, begrenzen oder zumindest verdecken, um den es im intersubjektiven Ansatz ja gerade geht. Es reicht völlig aus, sich auf einige professionell-ethische Grundsätze festzulegen, welche die Beteiligten schützen, und den Rest der freien Interaktion zu überlassen.

Das gilt besonders für die **Abstinenzregel,** die ursprünglich von Freud[145] aus guten Gründen zum Schutz der Patienten eingeführt worden war. Sie wurde nach und nach aber zu einer technischen Haltung ausgeweitet, welche den Prozess fördern und verdrängte Triebwünsche ins Bewusstsein gelangen lassen sollte, um sie schließlich zu sublimieren. Darüber hinaus sollte sie die Übertragung vor Verzerrungen durch den Analytiker als Realperson schützen. Daraus entwickelte sich im Laufe der Zeit eine Haltung der Frustration basaler Bedürfnisse nach Kontakt und Resonanz, welche bei den Patienten Resignation oder Enttäuschungen, Aggressionen und Wut hervorrief. Diese wurden dann oft als intrinsische Übertragungen missverstanden und gedeutet. Das Unverständnis der Patienten dafür wurde als Widerstand aufgefasst.

---

145 Freud S (1912), S. 384

Eine völlige Anonymität ist in der Psychotherapie eine Illusion. Selbst das Schweigen ist Kommunikation. Nach allem, was wir aus der empirischen Entwicklungspsychologie wissen, wäre sie für das Ziel positiver Veränderungen sogar schädlich, weil ein kühles Beziehungsklima als Zurückweisung erlebt wird und Entwicklungen behindert. Man kann sogar noch einen Schritt weiter gehen und in einer nicht ausdrücklich auf den Patienten ausgerichteten, seiner Verfassung angepassten Abstinenz ein Übertragungsproblem des Therapeuten vermuten.

In der Konsequenz entwirft der intersubjektive Ansatz eine Konzeption der **selektiven Selbstenthüllung**. Diese geht davon aus, dass *jede* Art der Abstinenz eine Botschaft kommuniziert; eine absolute Neutralität gibt es nicht. Sie ersetzt eine starre Abstinenz durch ein dynamisch-funktionales Prinzip. Danach hat der Therapeut zu entscheiden, was er aus seinem eigenen Erleben und ggf. auch von seinen Belangen (wie z. B. einem bevorstehenden Reiseziel) mitteilt und wie er das macht. Dabei wird er beachten, wie der Patient auf seine Mitteilung reagiert. Bei der Entscheidung ist das maßgebliche Kriterium, ob eine Mitteilung für den Patienten wahrscheinlich hilfreich und für den Prozess nützlich ist, ohne dass der sichere Rahmen, der den Möglichkeitsraum der Analyse schützt, erschüttert wird.

Damit scheiden Mitteilungen aus Selbstgefälligkeit, zur Vermeidung von Angst vor dem Patienten oder aus anderen defensiven Gründen aus. Es versteht sich von selbst, dass dabei hohe Anforderungen an die Wahrnehmung und Klärung von eigenen Übertragungen, Gegenübertragungen und Widerständen des Therapeuten gestellt werden. Es geht bei den Selbstenthüllungen darum, dass der Analytiker Material aus seinem eigenen Erleben beiträgt, das dem Patienten hilft, sich besser zu verstehen und sein Selbsterleben neu zu organisieren.

Die intersubjektive Übertragung in der Praxis

Der amerikanische Analytiker Merton Gill, der sehr grundlegende Arbeiten zur Analyse der Übertragung geschrieben hat,[146] zählt zu den Illusionen

---

146 Gill M (1982)

oder Mythen der klassischen Psychoanalyse die Annahme, dass die Übertragung eines Patienten sich ohne Kontamination durch den Psychoanalytiker entwickeln kann. Helmut Thomä geht noch weiter, wenn er schreibt, Übertragung und Gegenübertragung haben stets zwei Autoren – den Patienten und den Psychoanalytiker.[147] Er beschreibt ausdrücklich einen aktiven Psychoanalytiker, der Anteil an der Gestaltung der Übertragung des Patienten hat. Wenn man bedenkt, dass schon lange allgemein bekannt ist, dass die Gegenübertragung vom Patienten im Analytiker induziert wird, dann überrascht es, dass es heute noch immer Probleme schafft, eine Gegenübertragung anzuerkennen, die im Patienten durch den Analytiker als Realperson angestoßen und mit geformt wird.

Es gibt also zwei herkömmliche Positionen:[148]

- die traditionelle, wonach die Übertragung ein *intrinsischer Prozess* ist, der sich im Wesentlichen durch die Regression in der analytischen Situation einstellt, und
- die *interaktionelle*, wonach die Übertragung durch den Analytiker angestoßen und mitgestaltet, also kontaminiert wird.

Beide Positionen haben den Nachteil, dass sie dem Therapeuten die Entscheidungshoheit über die Wirklichkeit des Patienten überlassen. Daher propagieren Intersubjektivisten eine dritte Position, die man als **explorativ** bezeichnen könnte. Sie verbindet die beiden Auffassungen und betreibt eine Klärung, indem die Übertragungsauslösung durch den Analytiker *und* die Einfügung des Erlebens in die Bedeutungsstrukturen des Patienten unvoreingenommen und gleichrangig erkundet werden.

Aus intersubjektiver Sicht besteht die Übertragung darin, dass der Analytiker unbewusst in die persönliche Welt des Patienten einbezogen wird. Sie unterliegt dem Bestreben, Erfahrungen in der Analyse nach dem Vorbild der persönlichkeitsspezifischen Muster zu organisieren. Übertragung erscheint den Intersubjektivisten also weder als Regression auf eine frühere Entwicklungsstufe noch als Verschiebung oder falsche Verknüpfung, sondern als eine besondere Art der unbewussten Objektverwendung

---

147 Thomä H (1999)
148 dazu und zum Folgenden Stolorow RD et al. (1987), Kap. 3

nach überkommenen, aus frühen Interaktionen stammenden Mustern. Durch die Übertragungsanalyse können diese offengelegt, verstanden und verändert werden, je nachdem, ob es sich um prozedurale oder objektale (episodische) Übertragungsinhalte handelt.

Übertragung und Widerstand

Die Übertragung enthält nach Stolorow u. a.[149] mindestens zwei Dimensionen:

- *die Selbstobjekt-Dimension*, welche die Funktion einer haltenden Umwelt erfüllt und frühe Entwicklungsprozesse wiederbelebt. Praktisch ist das die Dimension, in der der Analytiker die Position als Begleiter zugeschrieben bekommt und der Prozess in relativ ruhigen Bahnen verläuft.
- *die Konfliktdimension*, welche aktiviert wird, wenn der Analytiker in der Selbstobjekt-Dimension versagt. Das geschieht, wenn z. B. der Analytiker protrahiert Übertragungsanspielungen aufgreift und deutet und damit ein Artefakt setzt, welches den Fortgang des Prozesses stört.

Die Übertragung fungiert nach dieser Auffassung primär in der Selbstobjekt-Dimension. Darin liegt ihr Potential für Entwicklung und seelisches Wachstum, so wie die neuere Entwicklungsforschung es für kindliche Bindungen beschreibt, in denen die beiden Beteiligten zusammenpassen.

In der Analyse kommt es allerdings immer wieder zu Krisen, die ausgelöst werden, wenn der Analytiker nicht hinreichend die Erwartungen als organisierendes Selbstobjekt erfüllt. Dieses Versagen belebt die pathogenen Beziehungen und ruft Ängste vor der Wiederholung vergangener Traumen hervor. Das ruft unweigerlich **Widerstände** hervor. Diese sind also das Ergebnis einer unzureichenden Objektverwendung des Analytikers als Selbstobjekt in der aktuellen analytischen Situation, d. h. im intersubjektiven Feld.

Die Aufklärung dieser Zusammenhänge vor dem Hintergrund des Anlasses in der Beziehung und der mitgebrachten Organisationsmuster

---

149 Stolorrow RD et al. (1987)

eröffnet den Weg, sich mit den verdrängten konflikthaften Beziehungen, Erfahrungen und Gefühlen auseinanderzusetzen und die Entwicklungsprozesse wieder in Gang zu setzen, die durch die frühen Erfahrungen unterbrochen worden sind.

Zusammenfassung

Der intersubjektive Ansatz hat in der Behandlung das Ziel, die Muster der Selbstorganisation neu zu beleben und weiterzuentwickeln, die in der frühen Entwicklung durch ungenügend gute Interaktionen zum Stillstand gekommen sind. Dazu verwendet er als Medium die wechselseitige Einflussnahme vor allem durch einen empathischen, explorativen und spiegelnden Umgang mit dem Material im intersubjektiven Feld, in dem beide Beteiligte als reale Personen mit ihrem je eigenen unbewussten strukturellen und biographischen Hintergrund erscheinen. Auf diese Weise entsteht zunächst eine therapeutische Alltagssituation, in der der Patient reifen kann und der Analytiker eine Selbstobjekt-Funktion übernimmt. Allerdings ist diese Funktion niemals vollkommen, so dass Krisen unvermeidlich sind. Sie manifestieren sich im Enactment und Inszenierungen aus dem prozeduralen Unbewussten und bewirken, dass der Patient alte Ängste vor traumatischen Erfahrungen wiedererlebt und Widerstand entwickelt. Die Klärung dieser Inszenierungen, die man früher unter dem Aspekt des Widerstandes betrachtet hat, legt alte Beziehungserfahrungen offen und setzt an den frühen Entwicklungsbrüchen neue Entwicklungspotentiale frei.

Was ist das Neue an diesem Ansatz? Er geht mit seinen theoretischen Konzepten und behandlungstechnischen Konsequenzen deutlich über die traditionelle Ein- und Zweipersonen-Perspektive hinaus. Er betont die Wechselseitigkeit und den prozeduralen Charakter der therapeutischen Beziehung und des Heilungsprozesses, und er rückt zentrale Konzepte wie Übertragung, Widerstand und Abstinenz in ein neues Licht. Das Behandlungsergebnis erscheint nun als ein gemeinsames Werkstück, das in einer asymmetrischen Beziehung erarbeitet wird und an dem beide gleichrangig, wenngleich mit unterschiedlichen Rollen beteiligt sind.

5. Vorlesung
Intersubjektivität und Psychoanalyse heute

Zum Abschluss dieser Vorlesungsreihe möchte ich einige grundsätzliche Themen aufgreifen, die das Verhältnis von Intersubjektivität und Psychoanalyse in heutiger Zeit betreffen. Sie münden in die Frage, ob der intersubjektive Ansatz, der international immer deutlicher an Einfluss gewinnt, eine neue Kultur der Psychoanalyse stiftet. Ich beginne jedoch mit einem Rückblick auf diejenigen Charakteristika, die mir auch persönlich besonders wichtig geworden sind, wobei ich mich vor allem auf die intersubjektive Systemtheorie beziehe, wie sie von Robert Stolorow und seinen Mitarbeitern vertreten wird.[150]

Essentials des intersubjektiven Ansatzes

Die Psychoanalyse hat nach dieser Auffassung das Ziel, die innere Welt der Patienten umzuwandeln, deren Entwicklung durch Erfahrungen in den frühen Interaktionen zum Stillstand gekommen ist. Sie benutzt dazu die spezifischen Einsichten und Erfahrungen, die in einem intersubjektiven Feld entstehen. Das bedeutet, dass die innere Welt der Patienten sich durch eine kontinuierlich empathisch-verstehende Haltung des Analytikers entfaltet und in der psychoanalytischen Situation durch die Begegnung mit der subjektiven Welt des Analytikers bewusst werden kann. Welche Welt ihm dabei begegnet, hängt vor allem davon ab, wie er das Verhalten des

---

150 Stolorow RD et al. (1987), Orange DM et al. (1997)

Analytikers, speziell seine Interventionen, versteht. In der Sprache der Intersubjektivisten gesprochen: mit welchen Mustern der Erlebnisorganisation er die Begegnung verarbeitet. Durch die Untersuchung und Deutung dieser Muster erschließen sich Wege zu ihrer Veränderung.

Diese Auffassung der Psychoanalyse beruht auf der **Grundannahme**, dass im analytischen Prozess vorrangig reparative Bedürfnisse zum Tragen kommen, speziell Bedürfnisse nach Bindung, Anerkennung, Spiegelung und Kontinuität. Wenn diese angemessen beantwortet und angenommen werden, wird ein umwandelnder Prozess in Gang gesetzt. Dann werden in der therapeutischen Alltäglichkeit Fähigkeiten erworben, welche das Selbst stabilisieren, z. B. Selbsttröstung, Selbsteinfühlung, Selbstberuhigung. Wenn es hingegen zu unvermeidlichen Entgleisungen des Prozesses und Krisen kommt, werden die pathogenen Interaktionserfahrungen zugänglich und können umgestaltet werden.

Hauptmerkmal des intersubjektiven Ansatzes ist die These der **reziproken Bipersonalität**. Sie besagt, dass die unbewussten Muster der Organisation von Erfahrungen, die von beiden Teilnehmern unweigerlich aus ihren frühen Interaktionen in die Begegnung hineingetragen werden, in eine wechselseitige Beziehung zueinander treten und das Ergebnis der Behandlung maßgeblich beeinflussen.

Man kann den Prozess von dieser Warte aus so beschreiben, dass durch das Zusammenkommen der beiden Muster der Erlebnisverarbeitung Divergenzen entstehen, welche bewirken, dass man sich und den anderen in einem neuen Licht erleben kann. Das Neue, das auf diese Weise entsteht, kann man als Ko-Konstruktion beschreiben, die – bildhaft gesprochen – unbewusst zwischen beiden Beteiligten ausgehandelt wird.

Ko-Konstruktion ist eine Umschreibung dafür, dass das Prozessgeschehen und sein Ergebnis von beiden Beteiligten abhängig ist. Sie beruht auf der Annahme, dass beide tatsächlich auch beteiligt sind und sich keiner der Beteiligten aus der Beziehung heraushält. Hier bekommt der Analytiker als mitgestaltender Anderer eine unentbehrliche Funktion für das psychoanalytische Projekt. Selbst wenn man sich neutral verhalten will und sein Miterleben nicht zu erkennen gibt, teilt man damit doch etwas mit, worauf der Andere reagiert. Auf diese Weise entsteht unweigerlich eine Situation wechselseitiger Bezogenheit. Sie schließt beide ein. Damit eröffnet sich eine Sichtweise auf den psychoanalytischen Prozess, die in dieser Radikalität neuartig ist.

Die wichtigsten psychologischen Mittel, um die reziproke Bipersonalität zu ergründen, sind Empathie und Introspektion bzw. Selbstanalyse. Das bedeutet von der Warte des Behandlers aus die Erkundung des anderen und der eigenen inneren Welt. Beide können durch die Begegnung in der analytischen Arbeit nicht unangetastet bleiben.

Diese Konzeption des analytischen Prozesses führt zu einer Neuformulierung zentraler Annahmen der Behandlungstheorie. Ich habe in der letzten Vorlesung die Übertragung, den Widerstand und die therapeutische Haltung besonders erwähnt und will noch einmal darauf zurückkommen, weil sie mich persönlich am meisten beschäftigt haben.

Übertragung

Aus intersubjektiver Sicht ist die Übertragung eine Form, das Erleben in der therapeutischen Situation nach überkommenen Mustern zu organisieren. Das ist eine Definition von Übertragung ganz auf das Hier und Jetzt bezogen, die den Blick nicht automatisch auf die Vergangenheit richtet. Mit dem Begriff wird allerdings ein Phänomen beschrieben, das in den frühen Interaktionen wurzelt. Insofern ist die Vergangenheit in der Gegenwart immer präsent. Entscheidend ist aber, dass diese Organisationsarbeit im intersubjektiven Übertragungsmodell auf die gegenwärtige Situation angewandt wird, wo es um die Verarbeitung der aktuellen Beziehungserfahrungen geht. Man kann daher von einem aktualgenetischen Übertragungskonzept sprechen.

Letztlich geht es darum, dass die Erfahrungen im Hier und Jetzt in die innere Welt der beiden Beteiligten eingefügt werden. Dabei betonen die Intersubjektivisten, dass nicht nur der Patient überträgt, sondern auch der Therapeut. Dementsprechend entwickeln auch beide Gegenübertragungen. Damit ergibt sich die Schwierigkeit, zwischen Eigenübertragung und Gegenübertragung zu unterscheiden. Bei genauerer Betrachtung zeigt sich nämlich, dass es ja immer die eigene innere Welt ist, die eigenen Erfahrungen und Gefühle und die eigene Art, die Dinge zu sehen und zu verarbeiten, welche sich darin niederschlägt, unabhängig davon, ob wir sie von innen oder vom Anderen induziert glauben. Ich habe daher vorgeschlagen, das Gemenge aus beidseitiger Übertragung und Gegenübertragung als **intersubjektive Übertragung** (oder -matrix) zu beschreiben und gehe noch weiter, indem ich auch die verschiedenen Widerstände, diese Phänomene wahrzunehmen und anzuerkennen[151], mit unter den Begriff der Übertragungsmatrix fasse.

In dem Maße, wie in einer Behandlung die organisierenden Aktivitäten verändert werden, in dem Maße wird die Behandlung auch in beiden Spuren hinterlassen. Indem beide im Prozess übertragen werden, werden auch beide verändert daraus hervorgehen. Das ist das wirklich Neue an dieser Sichtweise. Es ist hier und da in der Literatur bereits als Idee aufgetaucht, in dieser Konsequenz aber nicht ausgeführt worden.

Die Tatsache, dass der Therapeut einen aktiven Anteil an der Übertragungsdynamik hat, enthält Chancen und Gefahren. Die Chancen bestehen in der Möglichkeit, dass durch seine Beteiligung positive entwicklungsfördernde Interaktionserfahrungen aktiviert werden und dass die Entwicklung daran anknüpfen kann. Das ist die Selbstobjekt-Dimension der Übertragung aus intersubjektiver Sicht. Wenn hingegen bedrohliche oder traumatische Erfahrungen aktiviert werden, entstehen affektive Hindernisse im Prozess. Auf Seiten des Patienten geht die haltgebende Selbstobjekt-Erfahrung dann verloren, während auf Seiten des Analytikers die Empathie beeinträchtigt oder sogar blockiert wird. In dieser Konstellation kommt die Konflikt-Dimension der Übertragung zum Vorschein, welche die Grundlage für Widerstände bildet.

Widerstand

Die Idee des Widerstandes, der sich gegen das Erinnern oder gegen die Übertragung richtet, beschreibt die dahinter stehende Prozessdynamik im Verständnis der Intersubjektivisten nicht angemessen. Sie schlagen daher vor, den Widerstand im Kontext der Übertragung neu zu formulieren. Dazu bezieht Stolorow[152] sich auf die Voraussetzung, dass sich in der

---

151 Gill M (1982), vgl. 4. Vorlesung
152 Stolorow RD et al. (1987), dt. S. 61

Übertragung primär das Bedürfnis nach Unterstützung bei der Selbstfindung manifestiert und der Analytiker in der Übertragung vorrangig die Funktion als Selbstobjekt zugeschrieben bekommt.

Widerstand entsteht, wenn er dieser Funktion, aus welchen Gründen auch immer, nicht ausreichend genügt, weil der Patient sich dann Ängsten vor der Wiederholung traumatischer Kindheitserlebnisse ausgesetzt sieht. Das bedeutet, dass der Analytiker dann nicht mehr hinreichend als *alternativer* Anderer erlebt werden kann, so dass die Begegnung mit ihm in den Kontext traumatischer Kindheitserfahrungen gerückt wird und er nicht mehr von den traumatisierenden Figuren der Kindheit unterschieden werden kann. Insofern sind auch Widerstände eine Funktion der organisierenden Aktivität in der aktuellen Situation, sprich: der Übertragung.

Die therapeutische Haltung

Besonders kennzeichnend für den intersubjekiven Ansatz ist die kontinuierlich empathisch-verstehende Haltung im Kohut'schen Sinne[153]. Sie geht von dem Bedürfnis nach spezifischen Selbstobjekt-Bindungen des Patienten aus und geht empathisch damit um. Das geschieht zumeist auf der prozeduralen Ebene, indem die Selbstobjekt-Bindung in der Behandlung als notwendiger Entwicklungsraum ermöglicht wird und so gut wie möglich gewahrt wird. Ein Weiteres ist, dass das Bindungsbedürfnis als solches anerkannt und nicht etwa als Widerstand gedeutet wird. Man kann darüber streiten, ob man es als solches thematisiert oder ob es nicht besser als Vehikel der Behandlung belassen werden sollte, wie Freud[154] es für die mild positive libidinöse Übertragung gefordert hat. Das gilt übrigens nicht nur für die sogenannten frühen Störungen, sondern nach Ansicht der Intersubjektivisten auch für weniger schwere Pathologien, also für klassische Neurosen.

Störungen der Selbstobjekt-Bedürfnisse sind im Alltag unvermeidlich. Sie beruhen zumeist auf einer Unterbrechung der kontinuierlich empa-

---

153 Kohut H (1977)
154 Freud S (1912)

thisch-verstehenden Haltung. Aus intersubjektiver Sicht ergeben sich daraus drei Aufgaben:

- das Erkennen der *Anlässe und Auswirkungen* der Störung,
- die Klärung der *Bedeutung,* die der Patient den Aktivitäten des Analytikers zuschreibt und in denen sich seine Verarbeitungsmuster niederschlagen,
- und die Analyse der *Eigenübertragung bzw.Gegenübertragungswiderstände* des Analytikers, die bewirkt haben, dass es zur Störung der Übertragung gekommen ist.

Mit der kontinuierlich empathisch-verstehenden Haltung eng verknüpft ist das Bestreben, die pathogenen Interaktionen möglichst nicht in der Behandlung zu wiederholen, was bedeutet, dass Frustrationen und Erschütterungen des Selbsterhalts und damit Kränkungen und eine Unterbrechung der Selbstobjekt-Übertragung möglichst vermeidenwerden Daraus ergibt sich eine Neukonzeption des klassischen Abstinenzprinzips, jedenfalls sofern es sich auf Freuds sogenannte Spiegelmetapher bezieht und auf seine Vorgabe, den Patienten keine Triebbefriedigung zu gewähren.[155] Aus intersubjektiver Sicht ist diese Regel, die oft sehr starr gehandhabt wurde, durch ein funktionales Prinzip ersetzt worden. Danach hat der Analytiker je nach Lage der Dinge zu entscheiden, ob, wieweit und in welcher Form er auf Wünsche und Begehren des Patienten eingeht, um anschließend zu untersuchen, wie der Patient sein Verhalten verarbeitet.

Aus der Außenperspektive ist die kontrollierte selektive Selbstenthüllung zum Inbegriff des intersubjekiven Ansatzes und insbesondere der relationalen Psychoanalyse geworden und hat viel Kritik hervorgerufen. Faktisch geht es aber um nicht mehr als ein behandlungstechnisches Konzept, das aus einem intersubjektiven Prozessverständnis heraus gut zu begründen ist.

Es sei noch einmal daran erinnert, dass das intersubjektive Verständnis des psychotherapeutischen Prozesses auf dem entwicklungspsychologischen Modell beruht, das in den letzten Jahrzehnten vor allem von der empirischen Entwicklungsforschung erarbeitet worden ist. Wie wir in der

---

155 Freud S (1919)

3. Vorlesung gesehen haben, betont es die Bedeutung passender Interaktionen zwischen dem Kind und seiner Bezugsperson als Bedingung für eine kongruente Entwicklung. Der intersubjektive Ansatz hat sich die Erkenntnisse dieser Forschungen zu eigen und mit dem Konzept einer kontinuierlich empathisch verstehenden Haltung für die Psychoanalyse nutzbar gemacht. Damit hat auch der Andere als reales Gegenüber mit seinem unbewussten Hintergrund einen neuen Platz in der Psychoanalyse gefunden.

Zum Abschluss dieses Abschnittes stelle ich in Anlehnung an Fonagy und Target die wichtigsten Merkmale des intersubjektiven Ansatzes denen der traditionellen Psychoanalyse gegenüber.

Kasten 5.1: Psychoanalytische Behandlungstheorie früher und heute[156]

Verständnis des Behandlungsprozesses

- *Traditionell:* Psychische Realität wird im Kontext der äußeren (»objektiven«) Realität betrachtet. Ziel der Behandlung ist die Aufdeckung der objektiven (ggf. überformten) Vergangenheit.
- *Intersubjektiv:* Entscheidend ist die subjektive Realität, die im Selbst als solche erlebt wird und von Analysand und Analytiker gemeinsam erschaffen wird. Diese Realität ist nicht unbedingt eine Entdeckung vergangener Erfahrungen.

Behandlungsstrategie

- *Traditionell:* Ausformung einer regressiven Übertragungsneurose und deren Auflösung durch Deutung
- *Intersubjektiv:* Der Analytiker als Objekt der Neuerfahrung durch einen entwicklungsfördernden und empathischen Umgang mit der therapeutischen Beziehung

---

156 In Anlehnung an Fonagy P, Target M (2003). Leicht verändert übernommen aus Ermann M (2010).

Position des Analytikers

- *Traditionell:* Der Analytiker als unabhängiger Beobachter mit Entscheidungskompetenz darüber, was verzerrt (Übertragung) und was angemessen (Realität) ist. Dadurch werden Bedeutungen aufgedeckt und andere ausgeschlossen.
- *Intersubjektiv:* Die »antiautoritäre Position« des Analytikers: Gültig ist allein das Wissen zu einer bestimmten Zeit in Interaktion mit dem Analysanden. Es bleibt aber eine Paradoxie von Symmetrie und Asymmetrie in der Behandlungssituation bestehen.

Therapeutische Haltung

- *Traditionell:* Verbergen der Person des Analytikers und Abstinenz mit der Vorgabe des Triebverzichts
- *Intersubjektiv:* Aktive Mitgestaltung am Prozess, Authentizität und Verfügbarkeit, ggf. selektive Selbstenthüllung

Bedeutung der Vergangenheit

- *Traditionell:* Aufdeckung der historischen Vergangenheit führt zur Befreiung von deren Herrschaft
- *Intersubjektiv:* Aufhebung der determinierenden Macht der Vergangenheit, speziell des prozeduralen Beziehungswissens, durch Neuerfahrung im Hier und Jetzt

Kritik am intersubjektiven Paradigma

Der intersubjektive Ansatz hat zwar in den letzten Jahren auf breiter Front Einfluss auf die verschiedenen Strömungen der Psychoanalyse genommen, doch wird er durchaus nicht von allen Psychoanalytikern geteilt. Die Reaktionen reichen von Zustimmung über vorsichtige Übernahme einiger Ideen bis hin zu Skepsis und bisweilen zu herber Ablehnung. Letztere ist oft genug der Tatsache geschuldet, dass die neuen Ideen bisweilen mit einem hohen Anspruch auf Alleingültigkeit vertreten werden und der Ansatz von manchen überdehnt wird. Diese Kritik bezieht sich vor allem auf die relationale Schule. Für den größeren Teil des psychoanalytischen Mainstreams, der die intersubjektive Perspektive als Anregungen zur Erweiterung traditioneller Konzepte nutzt (s. unten), dürfte sie weniger zutreffen.

Das »Totschlagargument«, das man in psychoanalytischen Kreisen gegen abweichende Auffassungen hört, lautet, sie seien unanalytisch. Dieses Argument trifft in verschiedenen Varianten auch den intersubjektiven Ansatz. Es heißt, er verfehle den eigentlichen Gegenstand der Psychoanalyse, nämlich das dynamische Unbewusste und das Intrapsychische, und bewege sich im vordergründigen Bereich der sozialen Interaktion. In diesem Sinne wirft auch Hanna Segal der Intersubjektivität vor, sie habe die Wahrheitssuche aufgegeben und sei, indem sie den Einfluss des Analytikers als integralen Bestandteil des Prozesses betrachte, ihrem Wesen nach unanalytisch.[157]

Aus meiner Sicht ist es der Schwachpunkt der intersubjektiven Perspektive, dass sie das Konzept der Bezogenheit radikalisiert. Freuds fundamentaler Entwurf einer autonomen Persönlichkeit wird damit ohne wirklich erkennbare Not aufgegeben. Dabei sehen gerade die Intersubjektivisten in der Überschneidung reziproker interagierender Erlebniswelten das Wesensmerkmal der Intersubjektivität,[158] was nicht weniger voraussetzt als ein partiell autonomes Selbst, einen ebenso autonomen Anderen und eine affektiv-kognitive Verstrickung zwischen beiden.

Außerdem ist es eine Frage, ob das Konzept des strukturellen Selbst als Struktur und Träger einer gewissen Kontinuität des Selbsterlebens und das eines reflexiven, kontextabhängigen, in ständiger Veränderung befindlichen Selbst sich wirklich ausschließen. Und selbst die Intersubjektivisten sind hier nicht eindeutig, wenn man z. B. die Begriffe der Organisations-

---

157 Segal H (2006)
158 Atwood GE, Stolorow RW (1984)

prinzipien bei Stolorow oder der Erlebniskonfigurationen bei Mitchell heranzieht. Sie verweisen auf eine Selbststruktur.

Ich teile die Auffassung nicht, wonach strukturelles und reflexives Selbst sich ausschließen. Nach meiner Auffassung schlägt sich die Selbsterfahrung über längere Zeit in einer Repräsentanz von überdauerndem Charakter nieder. Sie manifestiert sich z. B. in basalen Selbstgefühlen, in sozialen Verhaltensmustern oder in der Körperhaltung. Oft sind ihre Inhalte auch von Widersprüchen geprägt. Gerade diese Widersprüche sind in solchen Fällen das Wesensmerkmal des strukturellen Selbst und können Gegenstand der gemeinsamen Reflexion und der Transformation in der Behandlung werden.

Dieser Einwand wird von den meisten Kritikern geteilt, so in der Argumentation von Werner Bohleber[159]. Obwohl er den Intersubjektivismus grundsätzlich wohlmeinend kommentiert, bleibt er doch bei der Auffassung, dass sich die Psychoanalyse »zum Anwalt und zur Bewahrerin eines Subjektverständnisses machen muss, bei dem der Einzelne die Bedeutsamkeit seiner Geschichte und seiner frühen Beziehungen und Identifizierungen anerkennt und als Möglichkeit begreift, sich in seinem Gewordensein besser zu verstehen … Daraus erwächst die Möglichkeit, kritische Distanz zu sich selbst und anderen anzunehmen.« Dagegen hält er es für einen Irrweg, »das Konzept eines Selbst … aufzugeben und nur noch von multiplen Selbstzuständen zu sprechen.«

Ein anderer Einwand betrifft das Problem, dass die Prinzipien der reflexiven Genese des Selbst in der Entwicklung zu unkritisch auf die psychoanalytische Behandlung übertragen werden. Ein weiterer Einwand richtet sich gegen Mitchells Freud-Kritik und betont, dass Mitchell die Weiterentwicklungen zur zeitgenössischen Psychoanalyse nicht ausreichend berücksichtige und er damit gewissermaßen über das Ziel hinausschießt.

Im Hinblick auf die Behandlung besteht der Kritikpunkt, dass nicht genügend berücksichtigt werde, dass es trotz aller Intersubjektivität einen Anteil an intrapsychisch verbleibender Subjektivität gibt, der sich dem Analytiker nicht mitteile.[160] So könnten soziale Unangepasstheit, Trieb-

---

159 Bohleber W (2013).
160 Mertens W (2009), S. 135.

wünsche und unbewusste Phantasien nie vollständig integriert werden und vor allem die aggressiven Komponenten aus der intersubjektiven Realität ausgeklammert bleiben.[161] Weitere Bedenken bestehen, ob die Biographie bei der Zentrierung auf das Hier und Jetzt hinreichend Raum in der Behandlung findet und tiefere Schichten der Persönlichkeit und das dynamische Unbewusste durch die Behandlung nicht hinreichend erreicht werden.

Alle diese Einwände kann ich aus meiner Erfahrung in Behandlung und Supervision nur bedingt teilen. Natürlich besteht immer die Möglichkeit, dass man etwas übersieht und dass insbesondere aggressives und destruktives Material vermieden wird. Obwohl dieses Problem besondere Aufmerksamkeit erfordert, stellt es m. E. ein nicht auf den intersubjektiven Ansatz begrenztes Risiko dar.

Zusammenfassend kommt Wolfgang Mertens in seinem Essay über die intersubjektive Orientierung zu dem Ergebnis, dass Intersubjektivität und Subjektivität sich nicht ausschließen. Er meint, wir müssten »von einer Dialektik von Subjektivität und Intersubjektivität, von intrapsychisch und intersubjektiv ausgehen, selbst wenn das Intrapsychische sich nurmehr als ein Subsystem des intersubjektiven verstehen lässt.«[162]

Meine persönliche Annäherung an das Intersubjektive

Trotz der hier zusammengefassten Bedenken und Kritik überwiegt in meiner Einstellung eine große Wertschätzung für den intersubjektiven Ansatz. Sie beruht auf einem Gefühl der Befreiung, das ich erlebt habe, seit ich die Bücher und Aufsätze zu diesem Thema entdeckt habe. Es bezog sich vor allem darauf, dass ich darin viel von dem wiederfand, was ich mir in den Jahren nach meiner Ausbildung mehr oder weniger im Verborgenen als persönlichen Stil selbst erarbeitet hatte. Dabei hatte ich immer mit einem schlechten Gewissen gegenüber meinem analytischen Überich zu kämpfen, verknüpft mit dem Zweifel, ob ich mich noch in Übereinstim-

---

161 Bohleber W (2006)
162 Mertens W (2009), S. 135

mung mit der Community befand und ob das, was ich tat, noch psychoanalytisch war.

Das bezog sich zunächst auf die Zurückhaltung gegenüber dem traditionellen Konzept des **Widerstandes**, die ich mir angeeignet hatte. Ich hatte schon vor Jahren verstanden, dass Widerstände ein interaktionelles Phänomen sind[163] und dass die Analyse in mir, dem Analytiker, beginnen musste, wenn Stagnationen im Prozess überwunden werden sollten. Ein konfrontativer Umgang erschien mir nicht nur nutzlos und mit der Gefahr verbunden, den Patienten damit zu kränken. Er schien auch fragwürdige Anpassungen hervorzubringen und im günstigen Fall Unverständnis. So ließ ich ganz von dem Konzept ab und ging dazu über, die sogenannten Widerstandsphänomene als eine unverstandene gemeinsame Inszenierung zu betrachten oder auch als eine Gegenübertragung der Patienten auf ein Unverständnis meinerseits, das in eigenen Übertragungen wurzelt. Dieser Zugang hat mir im Kollegenkreis manche Kritik eingebracht; ich galt als zu nachgiebig und aggressionsfeindlich oder wurde wegen meiner Restneurosen belächelt.

Ähnlich ging es mir mit meinem Umgang mit **Behandlungskrisen.** Ich erinnere mich an eine schwierige Behandlungssituation mit einer Patientin mit einer von Abort bedrohten Schwangerschaft. Ihre ständig klagend hervorgebrachten Ängste brachten mich an den Rand meiner Tragfähigkeit. So geschah es, dass ich in meiner Not und Verzweiflung in einer Phantasie einen Angriff auf ihren schwangeren Bauch unternahm – einen Angriff, der mich zutiefst bestürzte.[164] Mit Hilfe meiner Supervision erkannte ich schließlich, dass mich mein Gefühl, meiner Analysandin nicht genügend Schutz für sich und ihr Baby geben zu können, in eine verzweifelte innere Situation gebracht hatte. Hier handelte es sich um eine Eigenübertragung, aus der ich mich mit meinem Angriff auf die Schwangerschaft befreien wollte. Dahinter erkannte ich Erfahrungen aus meiner eigenen Geschichte, die meine Empathie blockiert hatten.

So erschienen mir Behandlungskrisen nach und nach in einem neuen Licht, indem ich die Möglichkeit erwog, dass der Prozess aufgrund meiner eigenen Beteiligung und Begrenzung entgleist war. Ich begann, dahinter

---

163 Ermann M (1984)
164 Ermann M (1987)

gemeinsame Inszenierungen im Behandlungsprozess zu ahnen, eine Übertragungskollusion, die durch die Überschneidung zweier Übertragungen, der meiner Patientin und meiner eigenen auf sie, zu Stande kam. Ihre Lösung musste von mir ausgehen, um neue Entwicklungen zu ermöglichen.

Damit gelangte ich zu einer für mich neuen Sicht der **Übertragungsdynamik.** Ich erkannte, dass auch ich auf meine Patienten übertrage und damit Gegenübertragungen bei ihnen auslöse.[165] Dadurch entstehen Krisen, die für beide schmerzlich sind. Sie müssen aber letztlich hingenommen werden, wenn man wirklich offen für den Prozess sein will. Zugleich fand ich, dass die Reparatur solcher Krisen heilsame Wirkungen entfaltet. Aus heutiger Sicht würde ich sagen, dass sie die Erfahrung vermittelt, dass die Anerkennung der Beschädigung bei beiden die Selbstkohärenz wieder herstellt und verinnerlichte pathogene Erlebnis- und Verarbeitungsmuster verändert, eine Veränderung, die übrigens beide betrifft.

Dieser Blick auf meine Behandlungen zeigt, dass ich schon vor vielen Jahren gewissermaßen ganz privat zu einer intersubjektiven Sicht gelangte, die sich nach und nach zum Konzept einer prozeduralen (oder impliziten) psychoanalytischen Behandlungspraxis[166] weiterentwickelte. Zunächst erschien mir meine Beteiligung am Prozess aber als Schwäche und beschämte mich. Erst als ich Autoren wie Stolorow, Mitchell, Benjamin, Ogden und Stern für mich entdeckt hatte, rückten diese Erfahrungen in ein anderes Licht. Ich fühlte mich nun in meinen Ideen bestärkt und in meinen Versuchen ermutigt, Erfahrungen im intersubjektiven Feld zu sammeln, und musste Alternativen zur traditionellen analytischen Haltung nicht mehr als »unanalytisch« abtun. Das stellte meine introspektiven und analytischen Fähigkeiten auf eine manchmal schmerzhafte Probe. Die Freude an meinem Beruf fand dadurch aber neue Nahrung.

Auch für den Stil im Umgang mit meinen Patienten, den ich nach meiner Ausbildung entwickelt hatte, fand ich durch das Studium der Intersubjekivisten Bestätigung. Dazu trug besonders das neuartige **Abstinenzkonzept** und das vertiefte Verständnis von Enactments und *Now Moments* bei. Wie viele unter uns hatte auch ich bemerkt, dass es Augen-

---

165 Ermann M (1993)
166 Ermann M (2005)

blicke in der Begegnung gibt, in denen ich nach landläufiger Auffassung
»nicht analytisch« reagiert hatte, die aber eine unerwartet positive Reaktion
bei den Patienten auslösten und mir das Gefühl gaben, ihnen besonders
authentisch begegnet zu sein. Es hatte sich um besondere Augenblicke in
der Begegnung gehandelt, in denen ich aus spontaner Intuition heraus
reagiert hatte und dabei meine eigene Beteiligung am Prozess erkennen
ließ.[167]

In solchen Augenblicken geschah es, dass ich eigene Stimmungen eingestand, wenn Patienten sie bemerkten, oder meine Schwächen zugab, wenn sie mich mit misslungenen Interventionen konfrontierten. Wenn Patienten mit Fragen nach persönlichen Belangen von mir kamen, richtete ich meine Reaktion danach, was dem Prozess vermutlich eher schaden oder nützen würde. Es ist auch schon geschehen, dass ich nach einem Verlusterlebnis von einer Patientin auf meinen bekümmerten Blick angesprochen worden bin und daraufhin in Tränen ausbrach und von ihr getröstet wurde.

Solche Augenblicke beschäftigen uns anschließend mit unseren Patienten über lange Zeit. Wenn ich für mich über das Geschehene nachdenke, wird mir bewusst, dass ich solche Situationen zulasse, weil ich vermeiden will, Interesse, Anteilnahme oder Kritik meiner Patienten zurückzuweisen und sie zu kränken und damit zu wiederholen, was sie krank gemacht hat. Außerdem habe ich – selbst mitten in solchen Augenblicken – zumeist das sichere Gespür, ihnen nicht nur nicht zu schaden, sondern ihnen eine alternative Erfahrung mit einem Anderen zu ermöglichen. Voraussetzung dafür ist allerdings, dass die Sicherheit des analytischen Rahmens, der Voraussetzung für die Freiheit des »freien Einfalls« ist, unangetastet bleibt.

Das Konzept der **selektiven Selbstenthüllung** legitimiert nun diese Reaktionen. Es macht mich auch im psychoanalytischen Alltag freier und unbefangener. Darüber gewinne ich Sicherheit, intuitiv zu erspüren, wie weit ich gehen kann, ohne den Rahmen zu stören und die Grenze zum Eigennutz und zur Selbstdarstellung zu überschreiten. Die Herstellung einer teilnehmenden und annehmenden Atmosphäre erscheint mir heute für die gemeinsame Arbeit am Unbewussten viel wichtiger als ein durch vermeintliche Abstinenz erzeugtes psychoanalytisch »sauberes« Klima.

---

167 Ermann M (2012)

So ist für mich der intersubjektive Ansatz eine bedeutende Entdeckung. Er führt zur Erweiterung meines Handlungsspielraumes in der Begegnung mit meinen Patienten. Ich fühle mich seither viel authentischer und spürbarer und kann mich auch selbst in der Analyse viel deutlicher spüren. Das eröffnet mir auch den Zugang zu kreativen eigenen Gedanken, die ich in die Behandlung hineintragen kann, und gibt mir Sicherheit, mich im intersubjektiven Feld zu bewegen und an dem gemeinsamen Spiel zwischen den beiden Unbewussten teilzuhaben.

Das Intersubjektive und das Intrapsychische

Wenn man wie ich eine traditionelle psychoanalytische Ausbildung durchlaufen hat und dann in der Zeit danach einem völlig neuen Paradigma begegnet, dann steht man vor der Frage, ob und wie die beiden Modelle miteinander zu vereinbaren sind. Ist der intersubjektive Ansatz also tatsächlich als strikte Alternative zu den traditionellen Konzepten zu betrachten, wie entsprechende Literatur es nahelegt? Etwa wenn man bei Stolorow und Atwood auf die krasse Formulierung stößt, angesichts der intersubjektiven Konstitution des Menschen sei die isolierte individuelle Psyche, herausgelöst aus der Bezogenheit, »eine Illusion«.[168] Oder ist die Intersubjektivität eine Erweiterung des Blickes auf das Erleben und Verhalten, eine notwendige Ergänzung? Mit anderen Worten: Lässt sich die intersubjektive Perspektive mit den Konzepten über das Innerseelische vereinbaren, die in der traditionellen Ausbildung vermittelt werden? Oder schießen beide Sichtweisen einander aus?

---

168 Stolorow RD, Atwood GE (1991), S. 193

Theorien im psychoanalytischen Prozess

Um dieser Frage nachzugehen, werfe ich einen Blick auf die Funktion von Theorien in der Behandlungssituation. Es scheint mir, dass wir unser theoretisches Wissen im therapeutischen Alltag vorbewusst wie unauffällige Begleiter verwenden. Wir bemerken es kaum und denken wenig darüber nach. Bewusst rufen wir die Theorien vor allem dann auf, wenn wir in schwieriges Fahrwasser geraten und auf die Theorien und die Theoretiker Bezug nehmen wie auf Leuchtfeuer bzw. Lotsen in schwerer See. Mit anderen Worten: Der Rückgriff auf Theorien ist bei Zuspitzungen im Prozess eine Art Rettungsanker im Sturm der Begegnung mit dem Unbewussten. Dabei sind zwei Aspekte zu bedenken.

Der erste betrifft die Frage, *warum gerade jetzt*, d. h. in diesem Augenblick der Begegnung. Eine mögliche Antwort ist, dass die Übertragung in solchen Augenblicken der Zuspitzung einen Punkt erreicht hat, an dem die Beziehung von bedrohlichen Affekten beherrscht wird und die Empathie des Analytikers versagt. Das bedeutet, dass der Prozess den therapeutischen Alltag verlassen hat und sich in Richtung einer Entgleisung bewegt. Der Rückgriff auf die Theorie ist dann eine Triangulierung, die uns hilft, Abstand und den Kontakt zu uns selbst zurückzugewinnen, um der Entgleisung zuvorzukommen. Sie ist also ein Signal für eine Gefahr und ein Phänomen im Rahmen der Übertragungsdynamik. Man kann auch sagen, die Theorie erhält dann die Funktion eines Selbstobjekts, und der Rückgriff ist ein Ausdruck der Selbstobjekt-Dimension der Übertragung des Analytikers auf den Patienten.

Der zweite Aspekt zielt auf die Frage, *warum gerade diese Theorie* und keine andere. Vorausgesetzt, ein Behandler verfügt über mehrere Theorien, die er sich angeeignet hat, und fühlt sich nicht dogmatisch einer einzigen verpflichtet, dann kann man auch diese Frage kaum losgelöst vom Kontext der intersubjektiven Übertragung beantworten. Damit will ich sagen, dass im Kontakt mit einem spezifischen Patienten im Analytiker angesichts der Zuspitzung dazu passende Organisationsmuster wachgerufen werden. Sie bewirken, dass ein spezifisches, für die gemeinsame Situation brauchbares Theoriekonzept in ihm auftaucht. Hier besteht eine Parallele zu den basalen Funktionen, mit denen Eltern sich intuitiv in ihre Kinder einfühlen und auf sie antworten. Wenn die Intuition intakt ist, wird eine kontingente

Theorie aufgerufen werden und dem Therapeuten helfen, die Zuspitzung aufzulösen. Wenn sie versagt, entsteht die Gefahr des Abbruchs.

Eine funktionelle Einheit

Wir verwenden im günstigsten Falle also die Theorien, die am besten in die jeweilige Übertragungssituation passen und den Weg zur Weiterentwicklung eröffnen. Damit will ich sagen, dass ein intersubjektives Therapieverständnis keineswegs ausschließt, dass wir auch Theorien über intrapsychische Prozesse verwenden. Wenn wir uns intersubjektiv orientieren, werden wir allerdings über die spezifische Bedeutung unserer Therapieverwendung nachdenken.

Nach meiner Erfahrung spielt der konkrete Dialog in der Behandlung sich sogar überwiegend auf der subjektiven Ebene ab. Er rückt die intrapsychische Dimension des Erlebens in den Vordergrund, während das Intersubjektive »nur« den prozeduralen Hintergrund des Dialogs bildet: Die Aufmerksamkeit und Zuwendung, die Atmosphäre und vor allem das beständige Bemühen um einen empathisch-verstehenden Zugang zur Subjektivität des Patienten. Aber immer, wenn es zu Irritationen in der therapeutischen Beziehung kommt, rücken die Beziehungsregulation und damit der intersubjektive Übertragungsprozess in das Zentrum der Aufmerksamkeit. Dann bietet sich die intersubjektive Sichtweise an. Sie erleichtert es dem Analytiker, seine oft schwer erträgliche affektive Beteiligung am gemeinsamen Prozess anzuerkennen und für Introspektion und Empathie zu nutzen.

So betrachtet, kann man Subjektivität und Intersubjektivität in der Psychoanalyse als funktionelle Einheit betrachten. Das führt zu dem Ergebnis, dass sie keine unvereinbaren Gegensätze sind, sondern sich – zumindest in der Praxis der Behandlung – ergänzen.

Intersubjektivität und psychoanalytische Identität

Ich möchte zum Abschluss darauf eingehen, welchen Herausforderungen wir als Therapeuten mit einer traditionellen Ausbildung ausgesetzt sind, wenn wir uns in unserer Praxis dem intersubjektiven Ansatz zuwenden.[169] Wie wir gesehen haben, hat der Analytiker dabei durch seine mehrfache Funktion als Mitgestalter, Miterlebender, Beobachter und Interpret eine ganz neue, ungewohnte Rolle. Sein Einfluss auf den analytischen Prozess ist komplex. Daraus ergibt sich gegenüber der traditionellen Sicht eine neue psychoanalytische Identität. Sie beinhaltet eine Überwindung der Orientierung an starren technischen Regeln und setzt die Bereitschaft voraus, sich in einer Haltung der Besonnenheit auf das Abenteuer einer einzigartigen Beziehung einzulassen, eine Haltung der Neugier und des Nichtwissens.

Intersubjektiv fundierte Identität schließt aber auch die Vorstellung ein zu erkunden, »wie unsere eigene Geschichte, unsere Persönlichkeit und unsere theoretischen Bindungen das Verständnis beeinflussen, zu dem wir gemeinsam mit diesem Patienten finden«[170]. Sie beinhaltet die Vorstellung, selbst Mitautor des psychoanalytischen Prozesses mit dem Patienten zu sein und nicht nur der Beobachter[171]. Das schließt auch die Bereitschaft ein, die eigene Subjektivität als einen notwendigen Bestandteil für das Zustandekommen und für das Verständnis des psychoanalytischen Prozesses zu verstehen und nicht als störend im Erkenntnisprozess, nicht als ein Hindernis, das eigentlich gar nicht sein darf.

Ein Wort zum Abschluss

Als Freud um die Wende vom 19. zum 20. Jahrhundert die Psychoanalyse entwickelte, wandte er sich vor allem gegen die doppelbödige Sexualmoral seiner Zeit. Das fand in seiner Theorie einer monadischen Psyche Niederschlag, die durch Triebe und ihre Abwehr geprägt wird. Inzwischen hat sich die Befindlichkeit des Menschen verändert. Unsere Zeit leidet nicht mehr vorrangig an der Sexualität. Sie leidet an einem Mangel an Identität, welche aus Sicherheit, Kontinuität und Empathie in den Bindungen und in der Bezogenheit gespeist wird.

---

169 Vgl. auch Ermann M (2011)
170 Orange DM et al. (1997), dt. S. 44
171 Thomä H (1981)

Der intersubjektive Ansatz versucht, mit dem Bezug auf Beziehungsschicksale und Bezogenheit Antworten auf die vielfältigen Fragen zu geben, die damit verbunden sind. Er gibt der Psychoanalyse und der davon abgeleiteten Psychotherapie ein zeitgemäßes Gepräge. Er verschafft ihr den lange angemahnten Kontakt zu Nachbarwissenschaften. Und er eröffnet die Chance, ihren Bestand auch im 21. Jahrhundert zu sichern.

Aber die intersubjektive Sicht erfordert vom Psychoanalytiker auch eine neue Identität, die sich fundamental von der traditionellen unterscheidet. Damit begibt er sich auf das Gebiet ungedeckter Erkundungen und Erfahrungen und muss sich neu verwurzeln. Ist eine Haltung, mit der wir uns absichtlich in den Prozess hineinziehen lassen, noch psychoanalytisch kompetent? Ist eine Behandlungspraxis, bei der wir unsere Beteiligung am Prozess enthüllen, noch Psychoanalyse? Sind wir mit einer intersubjektiven Orientierung noch »richtige Psychoanalytiker«?

Die Herausforderung, die in diesen Fragen steckt, kann mit tiefen Identitätsängsten verbunden sein. Bernstein[172] nennt sie die »cartesianische Angst«. Sie trete auf, wenn sich der Analytiker von Absolutheitsansprüchen und von der Sicherheit der standardisierten Technik lossagt. Diese Ängste zu verarbeiten, stellt unsere Identität vor immer neue Herausforderungen und hält die Psychoanalyse als Erfahrungswissenschaft lebendig.

Literaturempfehlung

Zu den Themen Selbst und Intersubjektivität

Altmeyer M, Thomä H (Hg) (2006) Die vernetzte Seele. Klett-Cotta, Stuttgart.
Doering S (2022) Resonanz – Begegnung – Verstehen. Klett-Cotta, Stuttgart
Dornes M (2000) Die emotionale Welt des Kindes. Fischer, Frankfurt a. M.
Ermann M (2010) Psychoanalyse heute. Kohlhammer, Stuttgart.
Fonagy P, Target M (2003) Psychoanalyse und die Psychopathologie der Entwicklung. Stuttgart: Klett-Cotta.

---

172 Bernstein R (1983).

Jaenicke C (2010) Veränderungen in der Psychoanalyse. Klett-Cotta, Stuttgart.
Klöpper M (Hg) (2023) Emotional – Reflexiv – Implizit. Stuttgart: Klett-Cotta
Ludwig-Körner C (1992) Der Selbstbegriff in Psychologie und Psychotherapie. Deutscher Universitäts Verlag, Wiesbaden.

Literatur

Ainsworth M, Blehar M, Waters E, Wall S (1978) Patterns of attachment. Erlbaum, Hillsdale NJ.
Altmeyer M (2011) Soziales Netzwerk Psyche. Forum der Psychoanalyse 27: 107–127.
Altmeyer M, Thomä H (Hg) (2006) Die vernetzte Seele. Klett-Cotta, Stuttgart.
Atwood GE, Stolorow RW (1984) Structures of Subjectivity. The Analytic Press, Hillsdale NJ.
Balint M (1937) Frühe Entwicklungsstadien des Ichs. Primäre Objektliebe. In: (1965) Urformen der Liebe und die Technik der Psychoanalyse. Klett-Cotta, Stuttgart 1997.
Balint M (1968) Therapeutische Aspekte der Regression. Klett, Stuttgart 1970.
Baranger M (1993) The Mind of the Analyst: From Listening to Interpretation. International Journal of Psycho-Analysis 74: 15–24.
Baranger W, Baranger M (2009) The Work of Confluence: Listening and Interpreting in the Psychoanalytic Field. Karnac, London.
Bauer J (2005) Warum ich fühle, was du fühlst. Hoffmann u. Kampe, Hamburg
Benjamin J (2004) Beyond doer and done to. Psychoanalytic Quaterly 73: 5–46.
Bernstein R (1983) Beyond objectivism and relativism. Univ Phil Press, Philadelphia.
Bion WR (1959) Angriffe auf Verbindungen. In: Bott Spillus E (Hg) Melanie Klein heute. Verl Internat Psychoanalyse, München Wien 1991, Bd. 1.
Bion WR (1962) Eine Theorie des Denkens. In: Bott Spillius E (Hg) (1988) Melanie Klein heute. Bd. 1. Klett-Cotta, Stuttgart 1990.
Bion WR (1962) Lernen durch Erfahrung. Frankfurt a. M.
Bohleber W (2004) Zwischen Hermeneutik und Naturwissenschaft. In: Leuzinger-Bohleber M, Deserno H, Hau S (Hg) Psychoanalyse als Wissenschaft. Kohlhammer, Stuttgart.
Bohleber W (2006) Intersubjektivismus ohne Subjekt? In: Altmeyer M, Thomä H (HG) (2006) Die vernetzte Seele. Klett-Cotta, Stuttgart.
Bohleber W (2013) Kultureller Wandel in der Psychoanalyse. Vortrag bei den Lindauer Psychotherapiewochen 2013.
Bowlby J (1969) Bindung. Kindler, München 1975.
Bowlby J (1973) Trennung. Kindler, München 1976.

Conci M (2000) Sullivan neu entdecken. Psychosozial-Verlag, Gießen 2005.
Cooley CH (1902) Human nature and the social order. Scribner's Son, New York.
Deutsch H (1926) Okkulte Vorgänge während der Psychoanalyse. Imago 12: 418–433.
Dijksterhuis A (2007) Das kluge Unbewusste. Klett-Cotta, Stuttgart 2010.
Dornes M (1983) Der kompetente Säugling. Fischer, Frankfurt a. M.
Dornes M (2000) Die emotionale Welt des Kindes. Fischer, Frankfurt a. M.
Erikson EH (1959) Identität und Lebenszyklus. Klett, Stuttgart 1966.
Ermann M (1984) Von der Psychodynamik zur Interaktion des Widerstandes. Prax Psychother Psychosom 29: 61–70.
Ermann M (1987) Behandlungskrisen und die Widerstände des Psychoanalytikers. Bemerkungen zum Gegenübertragungswiderstand. Forum der Psychoanalyse 3: 100–111.
Ermann M (1993) Übertragungsdeutung als Beziehungsarbeit. In: Ermann M (Hg) Die hilfreiche Beziehung in der Psychoanalyse (S. 50–67). Vandenhoeck und Ruprecht, Göttingen.
Ermann M (2005) Explizite und implizite psychoanalytische Behandlungspraxis. Forum der Psychoanalyse 21: 3–13.
Ermann M (2008) Freud und die Psychoanalyse. Kohlhammer, Stuttgart.
Ermann M (2009) Psychoanalyse in den Jahren nach Freud. Kohlhammer, Stuttgart.
Ermann M (2010) Psychoanalyse heute. Kohlhammer, Stuttgart.
Ermann M (2011) Intersubjektivität und psychoanalytische Identität. Forum der Psychoanalyse 27: 165–172.
Ermann M (2012) The intersubjective perspective and the change of psychoanalytic identity. International Forum of Psychoanalysis 21: 150–153.
Ferenczi S (1921) Weiterer Ausbau der aktiven Technik. In Ders.: Bausteine der Psychoanalyse Bd 2. Huber, Bern, Stuttgart 1964.
Ferenczi S (1933) Sprachverwirrung zwischen dem Erwachsenen und dem Kind. In Ders.: Bausteine der Psychoanalyse Bd 3. Huber, Bern, Stuttgart 1964.
Ferro A (2003) Das bipersonale Feld: Konstruktivismus und Feldtheorie in der Kinderanalyse. Psychosozial, Gießen.
Fonagy P, Gergely G, Jurist E, Target M (2002) Mentalisierung, Affektregulierung und die Entwicklung des Selbst. Klett-Cotta, Stuttgart 2004.
Fonagy P, Target M (2003) Psychoanalyse und die Psychopathologie der Entwicklung. Stuttgart: Klett-Cotta.
Freud A (1936) Das Ich und die Abwehrmechanismen. Kindler, München 1974.
Freud S (1895) Studien über Hysterie. GW Bd I.
Freud S (1900) Traumdeutung. GW Bd II/III.
Freud S (1901) Zur Psychopathologie des Alltagslebens. Über Vergessen, Versprechen, Vergreifen, Aberglaube und Irrtum. GW Bd IV.
Freud S (1905) Drei Abhandlungen zur Sexualtheorie. GW Bd V.
Freud S (1910) Die zukünftigen Chancen der psychoanalytischen Therapie. GW Bd VIII.

Freud S (1910a) Über Psychoanalyse. Fünf Vorlesungen. GW Bd VIII.
Freud S (1912) Ratschläge für den Arzt bei der psychoanalytischen Behandlung. GW Bd VIII.
Freud S (1912) Zur Dynamik der Übertragung. GW Bd VIII.
Freud S (1914) Zur Einführung des Narzissmus. GW Bd X.
Freud S (1915) Das Unbewußte. GW Bd X.
Freud S (1919a) Wege der psychoanalytischen Therapie. GW Bd XII.
Freud S (1923) Das Ich und das Es. GW Bd XIII.
Freud S (1937) Konstruktionen in der Analyse. GW Bd XVI.
Gill M (1982) Die Übertragungsanalyse. Theorie und Technik. Fischer, Frankfurt a. M. 1996.
Hartmann H (1939) Ichpsychologie und das Anpassungsproblem. Psyche 14: 81–164 (1960).
Hartmann H (1950) Bemerkungen zur psychoanalytischen Theorie des Ichs. In: Ichpsychologie. Klett, Stuttgart 1972.
Heimann P (1950) Über die Gegenübertragung. Forum Psychoanal 12: 179–184 (1996).
Jacobson E (1964) Das Selbst und die Welt der Objekte. Suhrkamp, Frankfurt a. M. 1973.
Jaenicke C (2010) Veränderungen in der Psychoanalyse. Klett-Cotta, Stuttgart.
James W (1890) The Principles of Psychology. Holt, New York.
Joseph B (1985) Übertragung – die Gesamtsituation. Dt in: Bott Spillus E (Hg) Melanie Klein heute (S. 84–99). Verl Internat Psychoanalyse, München Wien 1991, Bd. 2.
Jung CG (1933) Der Individuationsprozess in der Analytischen Psychologie. Die Beziehungen zwischen dem Ich und dem Unbewußten. Rascher, Zürich.
Kernberg O (1976) Objektbeziehungen und Praxis der Psychoanalyse. Deutsch: Klett-Cotta, Stuttgart 1981.
Klein M (1928) Frühstadien des Ödipuskomplexes. Int Zschr Psychoanal 14: 65–77.
Klein M (1946) Bemerkungen über einige schizoide Mechanismen. In: Klein M: Das Seelenleben des Kindes. Klett, Stuttgart 1962.
Klein M (1962): Das Seelenleben des Kleinkindes und andere Beiträge zur Psychoanalyse. Klett-Cotta, Stuttgart.
Klüwer R (1983) Agieren und Mitagieren. In: Hoffmann SO (Hg) Deutung und Beziehung. Fischer, Frankfurt a. M.
Köhler L (1992) Formen und Folgen früher Bindungserfahrungen. Forum der Psychoanalyse 8: 263–280.
Kohut H (1971) Narzissmus. Suhrkamp, Frankfurt a. M. 1973.
Kohut H (1977) Die Heilung des Selbst. Dt.: Suhrkamp, Frankfurt a. M. 1979.
Kohut H (1982) Vier Grundbegriffe der Selbstpsychologie. Psychoanalyse 2/3: 181–205.
Kohut H (1984) Wie heilt Psychoanalyse? Suhrkamp, Frankfurt a. M. 1987.

Körner J (1989) Arbeit an der Übertragung? Arbeit in der Übertragung! Forum der Psychoanalyse 5: 209–223.
Körner J (1990) Übertragung und Gegenübertragung – eine Einheit im Widerspruch. Forum der Psychoanaysel 6:87–104.
Krause R (1983) Zur Onto- und Phylogenese des Affektsystems und ihrer Beziehung zu psychischen Störungen. Psyche 37: 1016–1043.
Kuhn T (1962) Die Struktur wissenschaftlicher Revolutionen. Suhrkamp, Frankfurt a.M. 1967.
Lacan J (1936) Das Spiegelstadium als Bildner der Ich-Funktion, wie sie uns in der psychoanalytischen Erfahrung erscheint. Schriften I, Quadriga, Weinheim Berlin 1986.
Le Doux JE (1996) The emotional brain. Simon & Schuster, New York.
Lichtenberg JD (1983) Psychoanalyse und Säuglingsforschung. Springer, Heidelberg 1991.
Loewald H (1949) Ich und Realität. In Loewald (1980).
Loewald H (1977) Triebtheorie, Objektbeziehungen und psychische Strukturbildung. In: Loewald H (1980) Psychoanalyse. Klett-Cotta, Stuttgart 1986.
Loewald H (1980) Psychoanalyse. Klett-Cotta, Stuttgart 1986.
Ludwig-Körner C (1992) Der Selbstbegriff in Psychologie und Psychotherapie. Deutscher Universitäts Verlag, Wiesbaden.
Mahler M (1968) Symbiose und Individuation. Klett, Stuttgart 1972.
Markowitsch HJ (2002) Dem Gedächtnis auf der Spur. Primus, Darmstadt.
McLaughlin T (1991) Clinical and theoretical aspects of enactment. J Am Psychoanal Assn 39: 595–614.
Mead GH (1934) Geist, Identität, Gesellschaft. Suhrkamp, Frankfurt a.M. 1968.
Mertens W (2009) Psychoanalytische Erkenntnishaltungen und Interventionen. Kohlhammer, Stuttgart.
Milner B. (1972): Disorders of learning and memory after temporal lobe lesions in man. Clin. Neurosurgery 19: 421–66.
Mitchell SA, Greenberg JR (1983) Object Relations in Psychoanalytic Theory. Harvard University Press.
Money-Kyrle R (1956) Normale Gegenübertragung und mögliche Abweichungen. In: Bott Spillus E (Hg) Melanie Klein heute. Verl Internat Psychoanalyse, München, Wien 1991, Bd. 2.
Orange DM (1995) Emotional understanding, Guilford, New York.
Orange DM, Atwood GE, Stolorow RD (1997) Intersubjektivität in der Psychoanalyse. Brandes & Apsel, Frankfurt a.M. 2001.
Papoušek H, Papoušek M (1987) Intuitive parenting: A dialectic counterpart to the infant's integrative competence. In: JD Osofsky (Ed) Handbook of infant development (pp. 669–720). Wiley, New York.
Rizzolatti G, Sinigaglia C (2008) Empathie und Spiegelneurone: Die biologische Basis des Mitgefühls. Suhrkamp, Frankfurt a.M.
Robertson J (1982) Kinder im Krankenhaus. Ernst Reinhardt, München.

Robertson J, Robertson J (1989) Separation and the Very Young. Free Association Books, London.
Roth G (1995) Das Gehirn und seine Wirklichkeit. Suhrkamp, Frankfurt a. M.
Roth G (2003) Aus der Sicht des Gehirns. Suhrkamp, Frankfurt a. M.
Segal H (2006) Reflections on the truth, tradition, and psychoanalytic tradition of truth. Am Imago 63: 292–384.
Spitz R (1965) Vom Säugling zum Kleinkind. Klett, Stuttgart 1967.
Stern D (1985) Die Lebenserfahrung des Säuglings. Klett-Cotta, Stuttgart 1992.
Stern D, Sander LW, Nahum JP et al. (1998) Nicht-deutende Mechanismen in der psychoanalytischen Therapie. Psyche 56: 974–1006 (2002).
Stolorow R, Atwood G (1992) Concepts of being. The intersubjective foundation of psychological life. Analytic Press, Hillsdale NJ.
Stolorow RD, Brandchaft B, Atwood GE (1987) Psychoanalytische Behandlung. Fischer, Frankfurt a. M. 1996.
Stone J, Smith H, Murphy L (Hrsg) (1973) The competent infant. Basic Books, New York.
Sullivan HS (1953) Die interpersonale Theorie der Psychoanalyse. Fischer, Frankfurt a. M. 1980.
Thomä H (1981) Schriften zur Praxis der Psychoanalyse. Vom spiegelnden zum aktiven Psychoanalytiker. Suhrkamp, Frankfurt a. M.
Thomä, H. (1999). Zur Theorie und Praxis der Übertragung und Gegenübertragung im psychoanalytischen Pluralismus. Psyche 53, 820–872.
Will H (2001) Die Handhabung der Übertragung. Forum der Psychoanalyse 17: 207–234.
Winnicott DW (1951) Übergangsobjekte und Übergangsphänomene. In: Vom Spiel zur Kreativität. Klett, Stuttgart, 1973.
Winnicott, D. (1956) Primäre Mütterlichkeit. In: Von der Kinderheilkunde zur Psychoanalyse. Kindler, München 1976. Auch: Psyche 14(1958) 393–398.
Winnicott DW (1958) Die Fähigkeit zum Alleinsein. In: Reifungsprozesse und fördernde Umwelt. Kindler, München 1974.
Winnicott DW (1960) Ich-Verzerrung in Form des Wahren und des Falschen Selbst. In: Winnicott (1965).
Winnicott DW (1965) Reifungsprozesse und fördernde Umwelt. Kindler, München 1974.
Winnicott DW (1969) Objektverwendung und Identifizierung. In: Vom Spiel zur Kreativität. Klett-Cotta, Stuttgart 1987.

Stichwort- und Personenverzeichnis

A

Abstinenz
– funktionales Prinzip   130
– Neukonzeption   108, 119, 130, 137, 138
Agieren   *siehe* Enactment
Ainsworth M   83, 85
Alphafunktion   31, 32, 36, 38, 111
Als-ob-Modus   98
Altmeyer M   64, 73
Amnesie, kindliche   89
Angelpunkt zwischen innen und außen   99
Apparat, psychischer   19
Äquivalenzmodus   98
Argelander H   63
Atwood G   66, 102

B

Balint M   32, 33, 46, 61, 80, 96
Baranger M und W   102
Bauriedl T   63
Begegnung   101
Behandlungspraxis, implizite psychoanalytische   87, 137
Behandlungssituation   104
Beziehung   17
Beziehungsarbeit   82, 87, 98, 100, 108, 113, 114
– in jeder Psychotherapie   116
Beziehungswissen   92, 110
Bezogenheit   15, 17, 64, 68, 71, 79, 99, 104, 133, 143
Bindung   103
– Behandlungssituation   86
Bindungsforschung, -theorie   82
Bindungsstile   85
Bindungsverhalten   84
Binswanger L   58
Bion WR   28, 30, 36, 38, 103, 111
Bipersonalität   117, 126
Bohleber W   58, 64, 134
Boss M   58
Bowlby J   46, 82
Branchaft B   66
Buber M   58

C

Condrau G   58
Container   31
Cooley C   55

D

Daseinsanalyse   58
Deckerinnerung   89
Descartes R   26
Deutsch H   37

151

Deutung *siehe* auch Intervention
- klassische 114

E

Einpersonen-Perspektive 20, 23, 25, 39, 45, 71, 99
- in der Behandlung 23

Elternimago, idealisierte 48
Elternschaft, intuitive 80
Empathie 111, 127
Enactment 93, 111, 114, 118, 123, 137
Entwicklungsphasen 73
Entwicklungspsychologie
- psychoanalytische 73

Entwicklungspsychologie, psychoanalytische 74

F

Fairbairn W 32, 46
Feinfühligkeit 86
Feld 13
- Asymmetrie 107
- bipersonales 103–105
- dynamisch-analytisches 102
- interpersonelles 59
- intersubjektives 13, 15, 67, 100–102, 117, 137
  - dynamische Komponenten 106
  - konstitutive Faktoren 103, 105
- Kontextabhängigkeit 105
- Wechselseitigkeit 105

Feldtheorie 102
Ferenczi S 32, 36, 59
Ferro A 103
Fonagy P 97, 113
Freud A 23, 32
Freud S 16, 17, 25, 26, 89, 92, 109, 119, 130, 133

- Der Andere in seinem Werk 17, 20, 22, 23
- Gegenübertragung 37, 38
- Libidoentwicklung 74
- Menschenbild 51
- Narzissmus 47
- Persönlichkeitsmodelle 18, 21, 23
- Triebtheorie 73

Fromm E 59

G

Gadamer G 58
Gedächtnis
- episodisches *siehe* explizit-deklaratives
- explizit-deklaratives 93, 94
- implizit-prozedurales 92, 94

Gegenübertragung 26, 89, 106, 109, 120, 137
- bei Freud 37
- Neubewertung 36
- und projektive Identifizierung 38

Gegenübertragungswiderstand 130
Green A 53
Greenberg J 61
Größenselbst 48
Größenselbst-Übertragung 50
Grundstörung 96
Guntrip H 32

H

Haltung, therapeutische 118, 129
- intersubjektive 42, 118

Handlungsdialog 114
Hartmann H 43, 45
Hegel GW 54
Heidegger M 16, 58
Heimann P 38, 89
Holzey-Kunze A 58
Husserl E 58

I

Ich 22
Ich-Selbst-Komplex 43
Ichpsychologie 23
– und Selbst 43
Identifizierung, projektive 31
– Gegenübertragung 38
– kommunikative Form 38
Identität 41, 64, 142
– intersubjektiv fundierte psychoanalytische 142
– psychoanalytische 143
Individuation 41
Inhaltsgedächtnis 93
Inszenierung *siehe* Enactment
Interaktion 17
Interaktionismus, symbolischer 54, 57
Interaktionsschleifen, -zirkel 60, 68
Intersubjektivismus *siehe* auch Intersubjektivität
– Definition 13
– entwicklungspsychologischer 68
– intersubjektive Wende 63
– Kernaussage 17
– Richtungen 65
Intersubjektivität 135
– Ansatz 64
– Ansätze in Deutschland 63
– Begriffe 13
– Defintion 13
– Essentials 125
– psychoanalytische Identität 141
– und Intrapsychisches 139
Intervention, strategische 115
Introspektion 109, 127

J

Jacobson E 45
Jaenicke C 118

James W 40, 55
Jung CG 41

K

Kächele H 62
Klein M 28, 38, 61, 89
– Gegenübertragung 38
– Projektive Identifizierung 31
Klüwer R 63, 114
Ko-Konstruktion 68, 108, 126
Kohärenz *siehe* Selbst
Kohut H 47, 61, 65, 80
– Menschenbild 42, 51
Kommunikation 103
– paraverbale 115
– unbewusste 87, 104
– vorsprachliche 38, 89, 96
Körner J 63
Kuhn T 13

L

Lacan J 52
Laplanche J 53
Loewald H 16, 59
Lorenzer A 63

M

Mahler M 75, 76
– Entwicklungsmodell 76
Markierung des klinischen Materials 113
Matrix 68, 71
– intersubjektive 15
– relationale 71
Mead GH 55
Menschenbild
– empirische Forschung 77
– Entwicklungspsychologie 77

Mentalisierung 97, 111
Mertens W 135
Milner B 91
Mitchell SA 59, 61, 69, 134
Mitgestalter *siehe* Psychoanalytiker
Money-Kyrle R 38
Mutter, reale 74, 75
Mütterlichkeit, primäre 35

N

Narzissmus 43, 44, 46
– bei Freud 43
– primärer 33, 43, 47
– Unbehandelbarkeit 90, 96
Narzisstische Störung *siehe* Narzissmus; Störung
Neuerfahrung 110, 114
Neurose, klassische 24, 114

O

Objekt
– Begriff 26
– Behandlung 24, 101
– subjektives 35
– Triebbefriedigung 22
Objektbeziehung 15, 27
Objektbeziehungstheorie 26, 27, 59
– der Andere 26
Objektliebe
– passive 33
– primäre 33
Objektrepräsentanz 46
Objektverwendung 35, 59, 109
Orange D 66, 118
Organisationsmuster 104, 110, 126

P

Papoušek M und H 80
Paradigma 14
– Beziehungs- 14
– Bezogenheit 14
– intersubjektives 72, 132
– intrapsychisches 14, 73
– subjektives 13
Perspektive
– intersubjektive 101
Platon 40
Prozess, psychoanalytischer 105, 127, 140
– Ko-Konstruktion 108
Prozessgedächtnis 92
Psychoanalyse
– interpersonale 59
– relationale 69, 133
Psychoanalytiker
– aktiver 61, 121
– als Selbstobjekt 109
– Eigenübertragung 106, 130, 136
– Mitgestalter am Prozess 106–108, 126, 142

R

Resonanzphänomen 87
Rêverie 111
Rizolatti G 87
Robertson J 83

S

Säugling
– aktiver Mitgestalter 77
– Fähigkeiten 79
– kompetenter 77
Schottländer F 58
Segal H 133
Selbs

154

- bipolares 49
Selbst 16, 42, 79, 99
- als Funktion des Ichs 43
- archaisches 114
- Begriff 43
- Behandlung 110
- bei Freud 43
- bei Hartmann 44
- bei Kohut 46
- bei Lacan 52
- Doppelaspekt 40
- erfahrungsbedingtes 44
- falsches 81
- funktionales 64, 66
- Ko-Konstruktion 66
- Kohärenz 51, 137
- partiell autonomes 133
- reflexives 57, 65, 133
- soziale Genese 64
- strukturelles 133
- Urselbst 46
- wahres 35
Selbst-Struktur. Siehe Selbst, strukturelles 102
Selbstenthüllung, selektive 120, 130, 138
Selbstentwicklung 99, 116
- bei Stern 68
- klassische Konzepte 40
Selbsterkenntnis 40
Selbsterleben 41
Selbstgefühl 42, 52
Selbstkonzept 110
Selbstobjekt 42, 48, 109
- Bedürfnis 47, 129
- Dimension der Übertragung 122, 128, 140
- Funktion 116, 123
- organisierendes 122
- spiegelndes 48
- Übertragung 130
Selbstpsychologie 46, 47, 54, 65, 102
- Begriffe zum Selbst 42

Selbstrepräsentanz 42, 46
Selbstvorstellung 44
Selbstwertgefühl 42
Selbstzustand 38, 46, 94
- archaischer 114
- multipler 134
Sokrates 40
Spiegel, intersubjektiver 98
Spiegel-Selbst 55
Spiegeln (Winnicott) 35
Spiegelneuron 88
Spiegelstadium 52
Spiegelübertragung 50
Spielen mit dem Material 112
Spitz R 76
Stern D 68, 69, 73
- Säuglingsforschung 77
Stolorow R 66, 69, 102, 125, 128
Störung
- frühe 35, 99, 114
- narzisstische 48, 90, 99, 114, 116
- präödipale 90
- Somatierungs- 81
Subjektivität 135
Sullivan HS 16, 46, 59, 61
System 101
Systemtheorie, intersubjektive 66

T

Target M 97
Thomä H 61, 64, 73
Triebtheorie 27, 59

U

Übergangsobjekt 35
Übergangsphänomen 112
Übertragung 24, 89, 94, 120, 127, 137
- Dimensionen 122
- Größenselbst- 50

- intersubjektive   107, 120, 128, 141
- klassisch (neurotische)   94
- narzisstische   47, 49
- prozedurale   94
- Spiegel-   50
- Zwillings-   50

Übertragungskollusion   137

Übertragungsmatrix   106
- intersubjektive   105, 107, 113

Umgang (mit der Beziehung in der Behandlung)   *siehe* Beziehungsarbeit

Umwelt   45, 59
- bei Winnicott   34, 35

Unbewusstes
- dynamisches   18, 92, 95, 133, 135
- intersubjektives   92, 117
- prozedurales   93

W

Widerstand   122, 128
- interaktioneller   45, 136

Winnicott DW   32, 33, 36, 46, 59, 61, 80, 81, 112

Z

Zustand   92, 96
- niedrige Spannung   80

Zweipersonen-Psychologie   39

Zwillingsübertragung   50